Oliven

Oliven

MARLENA SPIELER

Der Text dieses Buches entspricht den Regeln
der neuen deutschen Rechtschreibung.

Fotos: International Olive Oil Council: S. 6/7; California Olive Industry: S. 8;
Life File: S. 9, 16, 20; Alfredo Benavente Navarro: S. 10 o.; Instituto Sperimentale:
S. 10 u.; Frantoio Gaziello: S. 12 o.; Olive Oil Information Bureau: S. 14 o.;
Janine Hosegood: alle übrigen Fotos.
Übersetzung: Falk Steins, Niedernhausen
Redaktion: Sylvia Winnewisser, Wiesbaden/Ralf Labitzky
Satz und Herstellung: Königsdorfer Medienhaus, Frechen

817 2635 4453 6271

10882X 03 02 01 00

Abkürzungsverzeichnis:

EL = Esslöffel
TL = Teelöffel
l = Liter
ml = Milliliter
kg = Kilogramm
g = Gramm
cm = Zentimeter
mm = Millimeter
°C = Grad Celsius

Die Backofentemperaturen beziehen sich auf den Elektroherd mit Ober- und Unterhitze. Wenn Sie mit Umluft arbeiten, reduzieren Sie die Temperatur um 15–20 %. Die Backzeit bleibt gleich. Die Umrechnung von °C-Angaben auf Temperaturstufen bei Gasherden entnehmen Sie bitte der Beschreibung des Geräteherstellers.

Inhalt

Danksagung

Eines der Privilegien während der Arbeit an diesem Buch bestand darin, dass ich geradezu in Olivenöl schwimmen konnte, ein weiteres darin, dass ich viele andere Menschen getroffen habe, die von Oliven und ihrem wunderbaren Öl ebenso begeistert sind wie ich.

Ich möchte den folgenden Personen dafür danken, dass sie mich mit Olivenöl versorgt haben: Panayis Manuelides (Odysea); Alice Seferiades (Odysea); die Mönche von New Norcia in Australien; Rod Jeans (Messara); Elaine Ashton (Grania und Sarnia); Gianni und Pamela Parmigiani; Lissabon Patisserie (portugiesisches Öl); Priscilla Carluccio (Carluccio's); David Roberts und Paolo Ardisson (John Burgess Exports); Charles Carey (Donatantonio Plc.); Adrian Francis (Marks & Spencer); Carbonelli; Fresh Olive Co. aus der Provence; The Olive Press (kalifornisches Öl); Jon Eaton (The Beverly Mustard Co.); den Herren Silva und Gomes (portugiesisches Olivenöl).

Ein besonderes Dankeschön auch an: Maria José Sevilla und Foods & Wines of Spain für Einladungen zu Olivenpressungen und Tapas in ganz Spanien; Mike Callaghan von Friends of the Olive Groves in Athen, der unsere Gruppe von Kochbuchautoren nach Griechenland brachte und es uns ermöglichte, der Segnung der Oliven am Berg Hymettos beizuwohnen; Dr. Stefano Raimundi und die italienische Handelskommission für ihre Hilfe bei allen Italien betreffenden Fragen; The Olive Oil Council (und alle bei Graylings PR, die mit dieser Organisation zusammenarbeiten, insbesondere Caroline Black); Sally McCormick vom California Olive Oil Council; Edite Philips für ihre Hilfe und den Enthusiasmus für portugiesisches Olivenöl; Anne Dolamore, Rosemary Barron und Judy Ridgway, weil sie ihr Wissen über die Welt des Olivenöls in ihren exzellenten Büchern mit uns teilen; Elaine Hallgarten für die Proben von israelischem Olivenöl; Richard Frenkel, Derek Monday und alle anderen bei Frenkel Oils Ltd.

Nuñez de Prada lud mich zu einem unvergesslichen Frühstück bei den Olivenpressern in Baena (mit einer fantastischen Salmoreja-Suppe!) ein. Die Firma Schwartz Spices schickte mir eine Sendung ausgezeichneter Gewürze und Gewürzmischungen, von denen viele ihren Weg in die folgenden Rezepte gefunden haben. Lynne Meikle von Tate & Lyle versorgte mich mit diversen Zuckersorten, was mir klarmachte, wie gut Olivenöl auch zum Backen von Kuchen und Pasteten geeignet ist. Jedesmal macht es mir mehr Spaß, mit den Töpfen und Pfannen von Le Creuset zu kochen, wenn ich eine neue Größe oder Form davon entdecke; mein derzeitiger Favorit ist ihre Grillpfanne, die sich ideal zur Zubereitung von Grillgerichten mit Olivenöl eignet.

Gewidmet Leah Spieler: Immer noch mein kleines Mädchen, auch wenn sie erwachsen und inzwischen Ärztin ist; John Hartford für seinen Enthusiasmus für Gemüse und eigentlich auch alles andere; Gretchen Spieler – einfach so. Gewidmet den Freunden, die mit mir aßen: Rabbi Jason Gaber; Dr. Esther Novak und Rev. John Chendo; Sue Kreitzman; Sri und Roger Owen; Paula Eve Aspin und Richard Hudd; Amanda Hamilton und Tim Hemmeter; Sandy Waks; Kamala Friedman; Fred und Mary Barclay (die mir Oliven aus ihrem Garten in Zypern mitbrachten); Nigel Patrick und Graham Ketteringham; Jerome Freeman und Sheila Hannon; Paul Richardson; und meinen Kollegen bei der San Francisco Chronicle: Michael Bauer, Fran Irwin, M. A. Mariner und Maria Cianci. Gewidmet meiner Familie: meinen Eltern, Izzy und Caroline Smith; meiner Tante und Onkel Sy; Estelle Opper; all meinen kleinen Cousinen und Cousins und besonders meiner Großmutter, Sophia Dubowsky. Vielen Dank außerdem an meinen sehr geduldigen Agenten, Borra Garson; meinen olivophilen Ehemann (der auch mein Manager ist); Alan McLaughlan und an unsere immer freundliche Katze Freud, ohne die meine Küche ein wesentlich langweiligerer Ort wäre.

Vorwort

An einem heißen Tag stand im Schatten ein kleiner Tisch mit einer bunt gemusterten Tischdecke. Darauf stand eine Schüssel mit reifen Tomaten, die mit starkem, fruchtigem Olivenöl beträufelt und mit leuchtend schwarzen Oliven bestreut waren. Außerdem war dort ein einfacher Laib knusprigen Brots.

Ich war 17, als ich in der mediterranen Nachmittagssonne saß und dieses Gericht aß. Das Olivenöl war dickflüssig und duftete. Es schimmerte auf den Tomaten, auf dem Brot und auf meinen Fingern, die ich ständig ablecken musste. Und die Oliven! Fleischig, saftig, salzig, leicht bitter und unendlich köstlich. Ich war in Kalifornien aufgewachsen, wo man milde (einige nennen sie fade), »reife« Oliven isst, und hatte keine Ahnung, dass Oliven so aromatisch sein konnten. Diese uralte Frucht beeindruckte mich sehr und in der Folge hatte sie großen Anteil daran, dass ich meine geisteswissenschaftliche Ausbildung aufgab und mich der Küche zuwandte.

Oben: ***Eine Auswahl saftiger Oliven***

Zurück in meiner Heimat Kalifornien, begann ich den Weg in die Erwachsenenwelt mit dem Einzug in eine eigene Wohnung. Beim Einkauf im Supermarkt entdeckte ich im Regal eine goldfarbene Dose mit einem einfachen Etikett: kalifornisches Olivenöl. Der Geschmack erinnerte an etwas Grünes, Grasartiges und brachte im Nu die Erinnerung an die mit Olivenöl zubereiteten Speisen zurück, die ich am Mittelmeer so genossen hatte. Ich konnte es kaum glauben: Olivenöl, das in Kalifornien erzeugt und gepresst wurde, stand im Supermarktregal! Es war immer dort gewesen, nur war es mir früher nie aufgefallen.

Meine Freunde und ich kochten viel, gaben Dinnerparties, besuchten Kochkurse und reisten oft allein wegen der kulinarischen Spezialitäten. Olivenöl spielte bei all unseren ausschweifenden Koch- und Essaktivitäten eine große Rolle, weil alles damit so fantastisch schmeckte. Supermärkte, spezialisierte Geschäfte und Delikatessenläden schienen uns dabei zu begleiten, denn plötzlich boten sie Regale voller Olivenöle an, wo bislang lediglich ein oder zwei Flaschen gestanden hatten. Die nächste große Entdeckung war der gesundheitliche Nutzen der Mittelmeerernährung. Bis dahin glaubten die meisten Leute der Werbung der großen Ölraffinerien, die Olivenöl als teuren Luxus und sehr ungesund darstellten. Sie behaupteten, dass Margarine gesünder sei. Instinktiv wusste ich, dass sie Unrecht hatten, denn die Menschen, denen ich in den Ländern am Mittelmeer begegnet war, waren so gesund und aktiv, dass ich es kaum glauben konnte. Urplötzlich konnte man überall über die Mittelmeerdiät lesen und auf einmal begannen alle Leute, aus Gesundheitsgründen Olivenöl zu benutzen (und Rotwein zu trinken!).

Seit dieser Zeit ist meine Freude an Oliven ständig gewachsen. Das Thema fasziniert mich, weil die Olive nicht nur ein Nahrungsmittel ist, sondern weil auch viel Brauchtum und Kulturgeschichte mit dieser gesunden und Freude spendenden Frucht verbunden sind. Mein Leben dreht sich inzwischen in einem solchen Maß um die Olive, dass mein Ehemann und ich am Tag unserer Hochzeit in einem Weinberg im kalifornischen Sonoma County an dem Ort einen Olivenbaum gepflanzt haben, wo wir uns das Jawort gaben.

Einführung

Je mehr Oliven man probiert und je mehr man über sie erfährt, desto mehr lernt man sie kennen und schätzen. Wie beim Wein erfolgen das Pressen und die Zubereitung von Olivenöl nach uralten Ritualen des jeweiligen Landes.

Oben: ***Junge Oliven in einer kalifornischen Plantage***

In den meisten Ländern rund ums Mittelmeer werden Oliven und ihr Öl zum Frühstück mit Brot, als Appetitanreger vor dem Essen mit Brot und Wein und (in christlichen Ländern) als Fastenspeise verzehrt. Beispielsweise wird im Kloster von Khrysorroyiatissa, nördlich von Paphos auf Zypern, jedem Besucher eine traditionelle Gabe überreicht, bestehend aus Brot, Wein und Oliven, wie sie bereits seit über 800 Jahren von den Mönchen auf der Insel produziert werden.

Oliven und Olivenöl sind aber auch im nördlichen Europa und den USA mittlerweile zu einem nicht wegzudenkenden Bestandteil der Ernährung geworden, da sie sich hervorragend mit den delikaten Aromen von Knoblauch, Chili, Gemüse, Nudeln, Fisch und hellem Fleisch verbinden lassen. Gerichte mit Olivenöl besitzen einen großartigen, reinen Geschmack und werden sehr reichhaltigen Speisen mit viel Sahne oder Käse immer häufiger vorgezogen. Olivenöl gilt als gesundheitsfördernd, weil es den Anteil an schädlichem Cholesterin (Low Density Lipoproteine, LDL) im Blut senkt und den Anteil desjenigen Cholesterins (High Density Lipoproteine, HDL) erhöht, das das Herzinfarktrisiko mindert.

Olivenöle gibt es wie feine Weine in endlosen Variationen von Farbe, Geschmack und Aroma. Der Grund für diese qualitative Vielfalt von Produkten, die grundsätzlich alle aus der gleichen Frucht vom gleichen Baum hergestellt werden, liegt in der einzigartigen Fähigkeit der Olivenpflanze begründet, im Verlauf ihres Wachstums (sie kann bis zu 600 Jahre wachsen) unabhängig von der Sorte die typischen Aromen ihrer Umgebung aufzunehmen. Boden, Wind und Regen tragen zu dem individuellen Charakter der Früchte bei.

Von der Alten in die Neue Welt

Der Olivenbaum, *Olea europea,* wird schon seit so langer Zeit von Menschen kultiviert, dass die Anfänge dieser Praxis im Dunkeln liegen. Seit prähistorischen Zeiten begleitet der Olivenbaum die Menschen auf ihrem Weg durch die Geschichte. Er ist mit unserer Vergangenheit so eng verbunden, dass man nicht mehr feststellen kann, wer als Erster Öl presste oder Oliven einlegte.

Man vermutet, dass etwa um 6000 v. Chr. im Gebiet des heutigen Syrien und Südiran oder möglicherweise in Griechenland zum ersten Mal Oliven angebaut wurden. Aber auch die Ägypter beherrschten die Kunst des Olivenanbaus, und in die Gebiete rund um das westliche und zentrale Mittelmeer scheint sie durch phönizische Händler gelangt zu sein. Sowohl das Alte Testament als auch der Koran nehmen häufig Bezug auf Oliven und auch für andere Völker des Altertums war die anregend schmeckende Olivenfrucht mit den Geheimnissen des Lebens verbunden. Ramses III. ließ rund um die Stadt Heliopolis Olivenhaine anlegen, um mit ihrem Öl die Lampen im den Tempeln des Ra zu speisen. Man hat 3000 Jahre alte Mumien gefunden, die mit Olivenöl einbalsamiert und mit Olivenzweigen umgeben worden waren. Eingelegte Oliven wurden in den Pharaonengräbern als Nahrung für das Leben nach dem Tod bereitgestellt.

Phönizische Händler sollen schon im 6. vorchristlichen Jahrtausend Olivenbäume aus Griechenland in die Provence gebracht haben. Die Römer pflanzten die ersten Olivenhaine in Tunesien, wo der Olivenanbau noch heute einen äußerst wichtigen Wirtschaftszweig darstellt. Die Griechen des Altertums sahen in der Olive den Ursprung der Weisheit und Platon soll mit seinen Schülern zu Inspirationszwecken durch Olivenhaine gewandert sein. Der Legende nach soll »sein« Baum noch leben, und tatsächlich findet man in der Nähe von Athen einen sehr alten Olivenbaum, den ein Schild als »Platons Baum« ausweist. Auch in religiösen Bräuchen der Huldigung hat das Olivenöl seinen Wert nicht eingebüßt: Wenn man das Grab von Erzbischof Makarios in den Bergen Zyperns besucht, sieht man dort Töpfe mit dem einheimischen grünen Öl stehen.

Unten: ***Eine Werbung für Olivenöl auf Fliesen aus der spanischen Provinz Cantabria***

Die Idee des Friedens ist eng mit dem Olivenbaum verknüpft: Die griechich-römische Mythologie erzählt die Geschichte der Göttin Minerva, die mit ihrem Schwert auf den Boden schlug. Daraufhin wuchs an dieser Stelle ein Olivenbaum, der sie bewegte, die Werkzeuge des Krieges gegen den Olivenzweig des Friedens einzutauschen. Im Buch Genesis des Alten Testaments kehrt die Taube vom Berg Ararat mit einem Olivenzweig im Schnabel zu Noahs Arche zurück: ein Zeichen der Hoffnung, das das Ende der Sintflut ankündigte. Noch heute ist der Olivenzweig ein Wahrzeichen des Friedens und auch das Symbol der Vereinten Nationen.

Ausgrabungen auf Kreta belegen, dass Oliven schon 3500 v. Chr. wichtiger Bestandteil der täglichen Ernährung waren. Ein griechischer Mythos erzählt, dass die Göttin Athene den ersten Olivenbaum im Wettstreit um die nützlichste Erfindung schuf. Obwohl Poseidon das Pferd erdachte, gaben die Götter dem reich tragenden Baum den Vorzug – zur Belohnung Athenes wurde die Hauptstadt Griechenlands nach ihr benannt.

Im antiken Rom spielten Oliven eine wichtige Rolle für Ernährung und Handel. Die Römer aßen wie wir heute Oliven als Vorspeise und hielten sie für ein Aphrodisiakum. Bei Ausgrabungen in den Ruinen von Pompeji fand man Töpfe mit eingemachten Oliven. Die Römer waren es auch, die den knorrigen Baum mit den silbergrünen Blättern im übrigen Mittelmeerraum verbreiteten.

Die Bedeutung der Olive und ihres Öls blieb lange Zeit eine Entdeckung der Mittelmeerländer, bis die Spanier 1560 Ableger der Pflanze nach Peru brachten. Im 18. Jahrhundert führten Franziskanermönche die Olive in Mexiko ein und von dort folgte sie der Missionsroute nach Norden in die Region, die zuerst als Neu-Spanien besiedelt wurde, dann zu Mexiko gehörte und schließlich als Staat Kalifornien an die USA fiel und heute eine florierende Olivenindustrie besitzt. Im späten 19. Jahrhundert wurden Olivenbäume nach Australien transportiert und dort erfolgreich angebaut. Kurz danach soll ein Mann namens Costa sie in Südafrika eingeführt haben.

Viele berühmte Künstler – darunter Renoir, Van Gogh, Picasso und Marcel Pagnol – fanden in der Olive Inspiration und verewigten den knorrigen Baum und seine Früchte in ihren Kunstwerken.

Die Geschichte der Olive zählt zu den wenigen Erfolgsstorys in den Bereichen Nahrungsmitteltechnologie und Geschmacksentwicklung. Während noch vor wenigen Jahren andere Speiseöle bevorzugt wurden, erfreuen sich die meisten Oliven produzierenden Länder der Welt derzeit steigender Umsatzzahlen und intensivieren ihren Anbau.

Oben: ***Olivenernte in den italienischen Abruzzen***

Anbau, Ernte und Pressen von Oliven

Der Olivenbaum ist eine immergrüne Pflanze, die am besten in Gegenden mit langen, heißen und trockenen Sommern gedeiht, aber auch frostkalte Winter benötigt. Ein Großteil der Weltproduktion an Oliven stammt vom Mittelmeer, aber auch in vielen anderen Ländern und Regionen – etwa in Kalifornien, Argentinien, Südafrika und Australien, sogar in China – werden Oliven angebaut.

Ein Olivenbaum benötigt 5 bis 6 Jahre, um eine nennenswerte Anzahl von Früchten zu tragen; seine höchste Fruchtbarkeit erreicht er im Alter von 20 bis 25 Jahren mit einem jährlichen Ertrag von bis zu 700 Kilogramm. Viele Olivenbäume tragen nur jedes zweite Jahr Früchte, einige dagegen jährlich. Es gibt eine Vielzahl von Olivensorten – jede mit individuellem Geschmack, Geruch und Ölgehalt. Einige Sorten haben viel schmackhaftes Fruchtfleisch, ergeben jedoch wenig Öl und eignen sich daher am besten zum Essen. Oliven mit hohem Ölgehalt verwendet man zum Pressen. Obwohl die Olivenpflanze feststehende botanische Eigenschaften besitzt, wird sie in hohem Maße vom Klima und vom Boden der Anbauregion beeinflusst. Die Anpassungsfähigkeit des Olivenbaums lässt sich nicht zuletzt an der Vielfalt von Aromen der verschiedenen Öle ablesen.

Die Bäume blühen im Mai und Juni und produzieren dann winzige Beeren, die zu den fleischigen Früchten mit hartem Stein heranwachsen, die wir kennen. Die Ernte kann zu jeder Zeit zwischen dem späten Oktober und dem Februar stattfinden und ist vom Wetter

Unten: ***Ein ausgedörrter, felsiger Olivenhain in der Sierra de Segura (Spanien)***

Zitate und Sprichwörter über Oliven

Spanien: »*Como la oliva verde es el querer que te tengo sumiso y blando por fuera, entero y fuerte por dentro.*«
»Meine Liebe für dich ist wie eine grüne Olive, nachgiebig und weich von außen, aber stark und fest im Inneren.«

Provence: »Der Regen heute beschert uns morgen das Olivenöl.«

Italien: »*Olio nuovo e vino vecchio.*« – Neues Öl und alter Wein.

Griechenland: »Willkommen, kleine Olive, mit deinem süßen, süßen Öl.« (Aus einem Volkslied von Korfu.)

in der jeweiligen Anbauregion abhängig. Während des Reifeprozesses ändern die Früchte ihre Farbe von Grün über Violett und Rötlich zu Schwarz; im letzten Stadium ist der Ölgehalt am höchsten. Um 1 Liter Öl zu produzieren, werden etwa 5 Kilogramm Oliven benötigt. Jeder Baum wirft im Jahr durchschnittlich 60 Liter Öl ab.

Der Erntetermin bestimmt den Geschmack des Öls. Der Zeitpunkt der Vollreife, zu dem die Früchte das beste Öl ergeben, ist von Sorte zu Sorte verschieden. In der Toskana beginnt die Olivenernte in der Regel im Oktober, einen Tag nach Abschluss der Traubenernte, wenn die Oliven grün, fest und etwas unreif sind. In Spanien ist im November Erntezeit. In Griechenland und auf Zypern werden einige Oliven früh gepflückt, wenn sie noch grün sind; andere lässt man reifen, bis sie schwarz sind, und erntet sie zum Teil erst im Februar. Wenn Oliven zu unreif geerntet werden, schmecken sie »grün« und bitter, allerdings erbringt der richtige Grad an Unreife bei manchen Sorten die besten Resultate: leicht bittere Früchte mit Biss. Wenn man die Früchte am Baum lässt, bis sie reif oder überreif sind, und sie erst Mitte des Winters erntet, erhält man Oliven mit einem intensiveren Geschmack; manche Sorten bekommen dadurch aber einen zu hohen Säuregehalt. In Portugal werden Oliven stets vollreif geerntet.

Obwohl frische Oliven sehr robust und widerstandsfähig aussehen, können sie leicht beschädigt werden, wodurch das Aroma verdorben wird. Die beste Qualität (weniger Säure, besseres Aroma) besitzen per Hand gepflückte Früchte, aber dieses Verfahren ist sehr kostenintensiv. Ein vertrauter Anblick in Griechenland sind die schwarz gekleideten älteren Damen, die an den Olivenbäumen rütteln, damit die Früchte auf die am Boden ausgebreiteten Tücher fallen. Mancherorts erntet man Oliven auf eher passive Weise: Rings um die Bäume werden Netze ausgebreitet, um die herabfallenden Früchte aufzufangen; man leert sie in gewissen Abständen. Dies scheint praktisch zu sein, aber die Netze müssen häufig geleert werden, da die Oliven sofort zu oxidieren beginnen und im warmen Klima schnell verderben.

Es gibt zwei Methoden zur Gewinnung von Olivenöl. Bei der ersten, *traditionellen* Methode werden die Oliven einmal gewaschen und dann von Mühlrädern zu Brei zerquetscht. Der Brei gelangt auf Pressmatten, die übereinander gestapelt und zusammengedrückt werden. Die heraustropfende Flüssigkeit enthält neben Wasser und Olivenöl auch noch Unreinheiten und Fruchtstücke. Durch Zentrifugieren oder Dampfbehandlung und Filterung (»Kaltpressung«) erhält man dann kaltgepresstes, natives Olivenöl, das nach frischen Oliven schmeckt.

Bei der *moderneren* Methode werden die Oliven bis zu viermal gewaschen und mithilfe von Edelstahlklingen zu einem Brei verarbeitet. Die dickflüssige Masse aus Öl, Wasser und festen Bestandteilen wird dann in Zentrifugen gefüllt, in denen bei einer Temperatur von etwa 20 °C das geringfügig wärmere Öl durch Herausschleudern vom Wasser und den Feststoffen getrennt wird. Temperaturen über 30 °C beschädigen das Öl;

um als kaltgepresst bezeichnet zu werden, darf ein Olivenöl nie über 30 °C erhitzt werden. (Übrigens wird kein anderes Pflanzenöl nur durch Pressen verzehrtauglich: Alle anderen Öllieferanten wie Nüsse, Samen etc. müssen zunächst gefiltert und konserviert werden.)

Die Landschaften am Mittelmeer sind mit Olivenbäumen übersät. Viele Familien können aus dem Ertrag ihres Landes oder Gartens den Eigenbedarf an Olivenkonserven, gesalzenen Oliven und Olivenöl decken.

Oben: **Die moderne Zentrifugalpresse der Firma Frantoio Gaziello in Ligurien (Italien)**

Olivenöl in den Küchen der Welt

Im gesamten Mittelmeerraum durchdringt der schwere, berauschende Duft von Olivenöl jede Küche und ist in allen Gerichten präsent. Auf den Märkten findet man eine Vielfalt eingelegter Oliven in großen Schalen, die Früchte mit den unterschiedlichsten Farben, Formen und Aromen enthalten. Ob in den Salaten und *daubes* der Provence oder den raffinierten Nudelgerichten Italiens, den erlesen gewürzten Speisen Nordafrikas oder den exotischen Eintöpfen, Braten- und Grillgerichten, Sandwiches und Snacks des Nahen Ostens: Der wichtigste Inhaltsstoff ist überall das Olivenöl.

Tatsächlich besteht in vielen Ländern das Frühstück aus einer Kombination von Brot und Olivenöl. In Spanien werden dazu Tomaten und Knoblauch gereicht; in Israel und den benachbarten arabischen Ländern nimmt man Pitta und eine Gewürzmischung namens *dukkah*.

Aber diese Leidenschaft für Olivenöl ist nicht auf die Alte Welt beschränkt: Die moderne amerikanische Küche der Gegenwart, besonders die Kaliforniens, verwendet sehr bewusst Olivenöl und kommt darin den Essgewohnheiten des Mittelmeerraums nahe. Im nördlichen Kalifornien wird zum Brot statt Butter häufig ein Schüsselchen mit Olivenöl gereicht, denn die Olivenbäume gedeihen in dem mediterranen Klima dieses amerikanischen Bundesstaats fast überall.

In südamerikanischen Ländern, vor allem in Peru, wo die Spanier die ersten Setzlinge anpflanzten, gibt es eine Reihe von Gerichten, die auf Olivenöl basieren. In Argentinien baut man Oliven an und presst ihr Öl, das derzeit noch wenig exportiert wird, aber die Zukunft lässt einiges erwarten. Auch Chile und Südafrika entwickeln sich zu Olivenölproduzenten. Ein viel versprechendes Erzeugerland ist Australien. Das dort von Mönchen in New Norcia hergestellte Öl gehört zu meinen derzeitigen Favoriten: Schon wenige Tropfen dieses Öls verleihen einem Gericht ein wunderbares, erstaunlich delikates Olivenaroma.

Oben: **Der Inbegriff des mediterranen Frühstücks: mit Olivenöl beträufeltes frisches Brot**

Liste köstlicher Verwendungen für Olivenöl

- Eine Mischung aus gewöhnlichem und extra nativem Öl zum Frittieren von Pommes frites verwenden.
- Extra natives Olivenöl mit Knoblauchbutter vermischen.
- Eier in einer kleinen Menge extra nativem Olivenöl braten (mit Kreuzkümmel, Paprika etc.).
- Als Brotaufstrich – gekühlt, bis es so fest ist wie Butter. In der Provence, in so wunderbar ungezwungenen Städten wie Marseille, wird ein feines und aromatisches extra natives Öl traditionell gekühlt, bis es fest ist, dann aufs Brot gestrichen.
- Extra natives Öl in Suppen einrühren. Besonders beliebt in Suppen mit Hülsenfrüchten und Nudeln aus der Toskana, wie der deftige Eintopf aus Kichererbsen, Nudeln und Gemüse, der als »Frantoio« (»Ölpresser-Suppe«) bekannt ist.
- Brot mit extra nativem Olivenöl beträufeln, mit Knoblauch, Tomatenwürfeln und zerkrümeltem Schafs- oder Ziegenkäse belegen und mit Oregano betreuen: ein typisch mediterranes Frühstück.
- Omeletts oder Rührei in extra nativem Olivenöl braten. Dabei Würfel von Feta oder Ziegenkäse, eine Hand voll Spinatblätter, einige Scheiben Wildpilze oder gebratene Zucchinischeiben hinzufügen.
- Tintenfisch, Kartoffeln, Hähnchen, Kroketten oder alles andere, das knusprig gebacken werden soll, in gewöhnlichem Olivenöl mit etwas extra nativem Olivenöl frittieren.
- Olivenöl zum Rösten von Toasts oder Backen von Pfannkuchen benutzen.

Lagerung und Genuss von Olivenöl

Olivenöl bewahrt man am besten in einem kühlen Schrank ohne direkten Lichteinfall auf. Grünes Glas schützt das Öl vor Oxidation. Eine ungeöffnete und ordnungsgemäß gelagerte Flasche Olivenöl sollte 18 bis 24 Monate haltbar bleiben, aber das Aroma schwindet bereits vom Zeitpunkt des Pressens an. Nach dem Öffnen beginnen der Duft und das Aroma zu verblassen und nach 6 bis 12 Monaten besteht die Gefahr, dass das Öl ranzig wird.

Es ist nicht notwendig, Olivenöl im Kühlschrank zu lagern, zumal es dann dickflüssig, nahezu fest und undurchsichtig wird und sich Schlieren bilden. Dies schadet dem Öl zwar nicht, da es sich bei Erwärmung wieder verflüssigt, aber es erschwert die Handhabung in der Küche.

Zum Braten und Frittieren eignet sich Olivenöl hervorragend, da es sich auf die Temperatur von 212 °C erhitzen lässt (zum Vergleich: Maiskeimöl 157 °C, Sonnenblumenöl 160 °C). Gewöhnliches Olivenöl ist dafür gut geeignet und auch weniger teuer als extra natives Öl. Ein verschnittenes Öl guter Qualität sollte beim Erhitzen nach Oliven duften; falls dies nicht der Fall ist, gibt man zusätzlich eine ausreichende Menge extra natives Olivenöl hinzu.

Obwohl das Aromatisieren von Ölen mit Knoblauch und Kräutern sehr beliebt ist und sich in vielen Kochbüchern und Zeitschriften Anleitungen dazu finden, ist diese Praxis nicht ungefährlich, weil das Öl die Zutaten versiegelt und so zu einer perfekten Brutstätte für jene Bakterien macht, die Nahrungsmittelvergiftungen oder andere Krankheiten hervorrufen. Wer diese Öle mag, sollte sie am besten im Geschäft kaufen: Kommerziell hergestellte Produkte bieten mehr Sicherheit, weil die Zutaten sterilisiert werden, um die Bildung von Bakterien zu verhindern.

Verkostung und Auswahl von Olivenölen

Das Aroma von Oliven lässt sich anhand einer breiten Palette von Eigenschaften beschreiben. Wie für Kunst, Musik, Literatur oder andere Annehmlichkeiten der Zivilisation gilt auch für das Olivenöl: Je mehr man darüber weiß, desto mehr kann man seine reiche Vielfalt genießen. Über 60 verschiedene Sorten werden weltweit angebaut, einige mit höherem Ölgehalt, andere mit mehr Fruchtfleisch. Es hängt von der Sorte ab, wozu sich die jeweiligen Oliven am besten eignen: Zum Beispiel kann man *Kalamata*-Oliven sehr gut einlegen, während sie beim Pressen nur einen enttäuschend geringen Ertrag ergeben. Das im Handel erhältliche Kalamata-Olivenöl stammt zwar aus dieser Region, wird jedoch aus den ebenfalls dort wachsenden *Koroneiki*-Oliven gepresst.

Indem man zwanglos ein paar Olivenöle nacheinander probiert, kann man ihre Vielfalt kennenlernen, aber nach mehr als fünf oder sechs Sorten sind die Geschmacksknospen überfordert. Für eine erfolgreiche Verkostung benötigt man also nur wenige unterschiedliche Sorten Olivenöl, die man in Schälchen gießt und zusammen mit einem Korb Brotwürfeln

und einem Teller mit Apfelscheiben darreicht. Dies ist keine wissenschaftliche Probe, sondern ein geselliger und interessanter Weg, um mehr über den Geschmack des Öls herauszufinden. Zusätzlich kann man Schüsseln mit Gemüsestreifen anbieten, etwa von Tomaten, Fenchel, rotem Paprika und Artischockenherzen. Für eine reine Verkostung ist der Salat jedoch nicht nötig.

Die professionelle Verkostung von Olivenöl ist hingegen eine ernsthafte Angelegenheit. Das frisch gepresste Öl ist nicht zwangsläufig makellos, sondern kann eine ganze Reihe von Defekten aufweisen, von denen jeder das Öl verderben kann. Beschädigungen an den Oliven können zu einem zu hohen Säuregehalt führen. Waren die Oliven verschimmelt, wird das Öl modrig schmecken. Daher beschäftigen Hersteller von Olivenöl Prüfer, die jede Lieferung auf unangenehmen Geschmack oder Geruch hin testen. Das Vokabular bei Olivenölproben gleicht dem bei einer Weinprobe. Nuancen von Geruch, Farbe, Geschmack und Nachgeschmack sind wichtige Kriterien für die Gesamtbewertung eines Öls. Außerdem wird die Zusammensetzung der Öle in einer Reihe von Labortests überprüft. Der Verbraucher ist dagegen in einer schwierigeren Lage: Er wünscht sich ein Öl, das ihm schmeckt und das er reichlich anwenden kann, kein teures Luxusgut, das geizig abgemessen werden muss. Olivenöl ist ein Grundnahrungsmittel, das die Lebensqualität steigert, das nahezu jeder Speise das gewisse Etwas verleihen kann und entsprechend großzügig eingesetzt wird. Darum will man das Öl zu einem vernünftigen Preis erwerben.

Es ist nicht einfach, ein Öl der Spitzenqualität zu einem günstigen Preis zu erhalten. Es empfiehlt sich, für besondere Gelegenheiten ein sehr exquisites Öl einzusetzen, während man sich im Alltag mit einem

Oben: ***Aus der großen Vielfalt erhältlicher Olivenöle sollte man das richtige sorgfältig auswählen***

Unten: ***Diese Etiketten stammen von dem extra nativen Olivenöl der Fattoria dell'Ugo in Italien***

Eine Olivenpressung in Andalusien (Spanien)

An einem Novembertag besuchte ich die Olivenfabrik Santa Lucia in der spanischen Provinz Cordoba, wo die Brüder Nuñez de Prado Oliven anbauen und ihr Öl pressen. Wir wanderten durch die feuchten Felder zur Presse, wo sich ein großer, runder Mahlstein drehte und die Früchte zerdrückte. Morastig schwarzes Öl tropfte heraus und lief durch einen Rinnstein in die Zentrifuge, aus der es als süß duftendes Olivenöl hervorging. Nachdem das Öl gepresst und in Flaschen abgefüllt war, wurden wir zu einem köstlichen traditionellen Olivenpresser-Frühstück bzw. -Mittagessen eingeladen (da während der Ernte- und Presszeit die Hälfte der Arbeiter früh am Morgen erscheint und die andere Hälfte bis zum späten Abend bleibt, ist die Mahlzeit für einige das Frühstück und für andere das Mittagessen). Es war ein Fest von Olivenölgerichten: »Salmoreja« (pürierte Gazpacho aus Tomaten, Paprika, Brot und Olivenöl, mit Schinkenstreifen garniert), »Croquettas« (aus in Olivenöl gebratenem Schinken, Artischocken und Kartoffeln), Salate mit gegrilltem Gemüse und in Olivenöl gegrilltem Fisch.

guten, charaktervollen Öl zufrieden gibt. Elitedenken sollte bei der Auswahl eines Öls keine Rolle spielen. Auch von Designeretiketten lasse man sich nicht blenden: Olivenöl ist Nahrungsmittel und kein Modeartikel. Einige der populären Ölsorten sind zwar gut, kosten aber bis zu fünfmal so viel, wie sie wert sind. Es gab Zeiten, in denen im Supermarkt – wo das meiste Olivenöl verkauft wird – lediglich minderwertige Qualität erhältlich war. Zum Glück hat sich dies grundlegend geändert.

Wenn man Olivenöl wie ein Profi verkosten möchte, muss man dies vor dem Frühstück (und dem Morgenkaffee!) tun und darf sich weder mit Seife waschen noch Parfum auftragen, damit man den Duft des Olivenöls unbeeinträchtigt wahrnimmt. Zunächst zieht man den Duft aus der Flasche ein, dann gibt man etwas Öl auf einen Löffel und probiert, indem man das Öl wie Wein im Mund hin- und herbewegt und so mit Kohlensäure anreichert. Dann wird es ausgespuckt. Die Aromastoffe bleiben am Gaumen haften, so etwa der pfefferartige Nachgeschmack von toskanischem Öl oder das Aroma von Mandeln oder harzigem Holz. Zuerst kostet man ein leichtes Öl und arbeitet sich dann wie beim Wein bis zum schwersten vor. Viele sind der Meinung, dass man das Öl nicht ausspucken sollte, da das Schlucken zusätzliche Geschmackseindrücke im hinteren Teil der Mundhöhle und der Kehle hinterlässt. Vielleicht entscheidet man sich für eine Mischung aus beiden Verfahren.

Das für professionelle Prüfungen festgelegte Fachvokabular soll hier nur kurz erwähnt werden. Man gebraucht folgende Bezeichnungen für Typen von Öl: »Aggressiv« oder »durchdringend« bezeichnet einen starken Geschmack oder ein schweres Aroma. »Bitter« erklärt sich von selbst, kann aber auch positive Bedeutung haben. »Fein«, »frisch«, »fruchtig«, »stark«, »rustikal« und »harmonisch« sprechen ebenfalls für sich; während »süß« hier bedeutet, dass das Öl weder bitter noch beißend noch stechend schmeckt.

Die Kategorien für Aroma und Geschmack variieren von »fruchtig« (beinhaltet die Nuancen Apfel, Banane, Birne, Litschi, Melone, Olive und Tomate) und »vegetal« (Blätter, Blumen, Eukalyptus, Gras, Heu, Kräuter, Minze, Veilchen) über »gemüsig« (unter anderem Avocado) bis zu »erdig«, »rustikal« und »nussig« (mit den Nuancen Mandel, Paranuss oder Walnuss). Einige Öle klassifiziert man sogar als »schokoladig«! Doch jeder sollte für sich selbst probieren und den Moment genießen, wenn es gelingt, ein bestimmtes Aroma, das den Gaumen kitzelt, zu schmecken.

Güteklassen und Bezeichnungen

Extra natives Olivenöl wird ohne Zuhilfenahme von Chemikalien oder Hitze durch das Zermahlen der Oliven gewonnen. Sein Gehalt an freien Fettsäuren (Ölsäure) beträgt höchstens 1 %. Oft werden noch die Bezeichnungen »kaltgepresst« und »aus erster Pressung« verwendet, da die Verbraucher damit vertraut sind, aber tatsächlich gilt dies heute für alle extra nativen Öle. Die extra nativen Olivenöle aus allen Erzeugerländern können in drei Qualitätsstufen eingeteilt werden:

Öle der Massenproduktion findet man zumeist in Supermärkten, zum Teil als No-Name-Produkt. Preis-Leistungs-Verhältnis und Qualität können hierbei, je nach Ursprung, ausgezeichnet sein.
Öle einer bestimmten Region besitzen unverwechselbare Merkmale ihres Anbaugebiets mit erkennbaren Aromen und Geschmacksnuancen. Sie stammen oft aus zahlreichen verschiedenen Ölmühlen.
Erzeugeröle stammen aus dem Anbau eines bestimmten Anwesens. Die Oliven dafür werden normalerweise per Hand gepflückt und das Öl wird vom Erzeuger abgefüllt. Sie sind teuer und in der Regel von exquisiter Qualität.
Feines natives Olivenöl enthält nicht mehr als 1,5% Ölsäure.
Natives Olivenöl wird ebenfalls ohne Verwendung von Hitze oder Chemikalien gewonnen und enthält weniger als 2% Ölsäure.
Gewöhnliches natives Olivenöl enthält weniger als 3% Ölsäure.
Olivenöl bezeichnet einen Verschnitt aus raffinierten und (extra) nativen Olivenölen. Einige dieser Mischungen besitzen sehr gute Eigenschaften (abhängig von der Menge und Qualität des hinzugefügten nativen Öls). Diese Mischung kann man durchaus auch selbst vornehmen: Das Mischungsverhältnis von extra nativem zu raffiniertem Öl sollte etwa 15% zu 85% betragen. Olivenöl sollte nicht mehr als 1,5% Ölsäure enthalten.
Oliventresteröl ist ein Verschnitt aus raffiniertem Oliventresteröl und nativen Olivenölen. Das Tresteröl wird durch die Behandlung der Pressrückstände mit Lösungsmitteln und anschließende Raffinade gewonnen. Das Mischungsverhältnis und der Ölsäuregehalt entsprechen denen des Olivenöls.
Leichtes Olivenöl bezeichnet Produkte, die nur einen geringen Anteil an extra nativem Olivenöl enthalten. Unter diesem Namen werden auch Verschnitte mit anderen Pflanzenölen angeboten, einschließlich solcher, die gar kein extra natives Öl enthalten und unter der Bezeichnung »Mittelmeerdiät« beworben werden.

Oben: ***Ein alternder Olivenbaum mit gespaltenem Stamm in der spanischen Provinz Alicante***

Das Kochen mit Olivenöl

Viele Menschen, selbst jene, die es besser wissen sollten, verkünden, dass man zum Kochen das einfache Olivenöl verwenden und die extra nativen Öle für Salate und zum Aromatisieren aufsparen sollte. Mit etwas nativem Öl vermischtes einfaches Olivenöl ist sehr gut zum Frittieren geeignet (und spart Geld) und eine selbst gemachte Mayonnaise kann mit extra nativem Öl zu schwer geraten. Dennoch möchte ich das extra native Olivenöl mit Nachdruck für alle Verwendungsarten empfehlen. Das Aroma schwindet zwar etwas, aber es überträgt sich auf das Gericht und wird so eins mit den es umgebenden Zutaten.

Für alle, die in der Mittelmeerregion aufgewachsen sind, ist die Benutzung von Olivenöl zur zweiten Natur geworden. Sie essen auf mediterrane Weise, indem sie Tomaten oder Brot mit reichlich Olivenöl genießen, Olivenöl statt Sahne in ihre Suppen geben und Gemüse, Eier, Fleisch und Fisch in dem Öl braten. Es ist für sie ein fester Bestandteil des täglichen Lebens. Da sie seit ihrer Kindheit damit vertraut sind, müssen sie nicht lernen, wie und wann man Olivenöl verwendet. Wer hingegen aus einer Kultur stammt, in der die richtige Anwendung von Olivenöl nicht mit der Muttermilch weitergegeben wird, hat diesbezüglich einigen Nachholbedarf.

Es empfiehlt sich, in der Küche jederzeit etwa drei verschiedene Olivenöle vorrätig zu haben: ein kaltgepresstes regionales oder Erzeugeröl von hoher Qualität zum Beträufeln von Salaten, gegrilltem Gemüse, Nudeln, Brot oder Tomaten; ein billigeres extra natives Öl aus der Massenproduktion, aber mit zuverlässiger Herkunft, das zum Kochen von Gemüse, zum Braten von Geflügel, zum Bepinseln von Fisch und zur Zubereitung von Tomatensaucen verwendet wird; schließlich ein einfaches Olivenöl oder eine Mischung davon mit nativem Öl zum Frittieren oder für alle Anlässe, die ein milderes Olivenöl erfordern. Ich verzichte häufig auf letztere Sorte und habe stattdessen zwei verschiedene extra native Öle aus dem Supermarkt im Haus, die ich für alle Kochzwecke benutze, so auch für Bratkartoffeln in Öl – eines meiner Leibgerichte. Nach und nach entwickelt man einen Geschmack dafür, welche Öle und Anbauregionen man bevorzugt, und auf Reisen kann man stets neue Sorten entdecken.

Unten: ***Es ist empfehlenswert, eine Auswahl von Ölen in der Küche zu haben***

Olivenöl und Gesundheit

Dic Rolle, die Fette in unser Ernährung spielen, ist umstritten. Endgültige Resultate liegen noch nicht vor, aber die Forschung behauptet immer nachdrücklicher, dass eine olivenölreiche Ernährung gesund ist und sogar den Cholesterinspiegel senken kann. Olivenöl enthält viel Vitamin E und oxidationshemmende Stoffe, die dem Alterungsprozess der Körperzellen entgegenwirken. Aufgrund des hohen Anteils an einfach ungesättigten Fettsäuren erhöht es den Spiegel des »guten« Cholesterins (High Density Lipoproteine, HDL), das die Arterien schützt, und wirkt der Bildung des Cholesterins (Low Density Lipoproteine, LDL) entgegen, das für die Arterienverkalkung verantwortlich ist. Menschen, die gemäß der mediterranen Ernährungsweise von reichlich Gemüse und Fisch mit viel Olivenöl und wenig tierischen Fetten leben, erkranken nachweislich seltener an Herz- und Gefäßkrankheiten, Brust- und Darmkrebs.

Olivenöl enthält zwei der essenziellen Fettsäuren, die der Körper nicht selbst herstellen kann, nämlich Ölsäure und Linolsäure. (Ölsäure findet sich auch in Muttermilch, wo sie zum normalen Knochenwachstum beiträgt.) Zusammen mit seinem Gehalt an den Vitaminen E und A hat es von allen pflanzlichen Ölen die ausgewogenste Zusammensetzung an Fettsäuren.

Olivenöl aus aller Welt

Etiketten können irreführend sein. Auch wenn auf einer Flasche »abgefüllt in Italien« steht, garantiert dies nicht, dass die Oliven von dort stammen. Auch der Vermerk »gepresst in …« kann bedeuten, dass die Oliven in einem Land geerntet, in einem anderen gepresst wurden – und dass in einem dritten das Öl abgefüllt wurde. Auch können die Oliven verschiedenen Ursprungs sein, was aber nicht auf eine minderwertige Qualität hindeuten muss. Es ist aber auf jeden Fall verwirrend. Verschnittenes Olivenöl kann wie verschnittener Wein sehr gut sein, aber wie der Wein wird es sehr von seiner geographischen Herkunft geprägt. So unterscheiden sich etwa die kräftigen Aromen der Öle aus Griechenland, aus der Toskana und aus Tunesien stark voneinander.

Oben: ***Das extra native Olivenöl der Firma Alziari wird aus der winzigen Caillette-Olive hergestellt, die ein hervorragendes Öl abgibt***

Frankreich Französische Olivenöle sind zumeist eher leicht, süß, duftig und von blasser Farbe. Sie werden vor allem aus den Sorten *Tanche* aus der Gegend um Nyons und *Picholine* aus der Region nahe der Südküste gepresst. Anbau und Pressung finden in Frankreich im kleinen Rahmen statt und das Öl ist in der Regel von sehr guter Qualität. Zu meinen derzeitigen Favoriten zählen L'Olivier (ein leuchtend gelbes Öl ohne Grünschimmer, aber mit einem kräftigen Olivenaroma aus Nizza) und Le Vieux Moulin (ein frisches, an Äpfel erinnerndes Öl mit einer gewissen Süße aus der Region um Nyons). Und natürlich Moulin Alziari, auch aus Nizza. Wenn man den kleinen Laden von Alziari in Nizza betritt, ist man von einer Welt aus Oliven und Fässern von gutem süßem Öl umgeben, das das Aroma von getrockneten Früchten besitzt, aber auch ein wenig an Spargel erinnert.

Empfohlene Öle: Fresh Olive Company of Provence, Huile d'Olive, Alziari, Emile Noel Organic.

Spanien Spaniens Olivenöle erinnern mich an den alten Kinderreim: »Wenn sie gut war, war sie sehr, sehr gut, aber wenn sie schlecht war, war sie grauenhaft!« Schlechte spanische Öle sind trüb und langweilig (fairerweise muss man sagen, dass dies für alle schlechten Öle gilt).

In vier traditionell abgegrenzten Gebieten wird Olivenöl produziert. Catalunya-Öle sind ansprechend, fruchtig, lebendig und besitzen ein Mandelaroma. In Borjas Blancas und Siurana in Katalonien presst man hauptsächlich *Arbequina*-Oliven, in der Sierra de Segura und in Baena in Andalusien die Sorte *Picual*. Aber auch Öle, die nicht aus diesen Regionen kommen, können sehr gut sein. Von Massenware ist allerdings eher abzuraten. Aus Baena stammt das auf traditionelle Weise gepresste und per Hand abgefüllte Öl von Nuñez de Prado, ein Genuss voller sinnlicher Geschmacksnuancen.

Empfohlene Öle: Nuñez de Prado aus Baena, Costa d'Oro, L'estornell organic, Carbonell, Coumela.

Unten: ***Das Öl vom Gut Nuñez de Prado stammt aus rein ölologischem Anbau***

Italien Für viele ist Italien nahezu gleichbedeutend mit Olivenöl und tatsächlich existiert dort eine große Sortenvielfalt, denn in fast allen

Regionen des Landes wird Öl gepresst. Olivenöle aus der Toskana, vor allem die aus Lucca, haben den Ruf, die besten Italiens zu sein. Mit seinem pfeffrigen Nachgeschmack und den an Kräuter und Gras erinnernden Aromen ist das toskanische Öl das Olivenöl schlechthin.

Aber auch andere Regionen verfügen über unverwechselbare Öle, die zudem preisgünstiger sind als das modische Öl aus der Toskana. Ligurisches Öl ist so leicht und lebhaft wie provenzalisches Öl, die fruchtigen Öle aus Umbrien sind süßer und weniger bitter als ihre toskanischen Gegenstücke. Öl aus Molise besitzt ein frisches Grasaroma und einen feinen pfefferartigen Nachgeschmack. Mein Favorit aus Apulien, Masseria, ist ebenfalls einen Versuch wert.

Tatsächlich importiert Italien große Mengen Olivenöl aus Griechenland und Spanien. Dies soll keine Kritik sein, denn viele dieser Öle sind gut. Das Verschneiden verwischt jedoch die geographische Herkunft und den Charakter, sodass dabei vielleicht ein köstliches, aber kein typisches Olivenöl entsteht. Von der Massenproduktion sollte man sich auch hier fernhalten, um Enttäuschungen zu vermeiden.
Empfohlene Öle: Novello, Santa Sabatina, Azienda Olearia del Chiati, Petro Coricelli, Clemente (la Zagare), Masseria.

Oben: ***Die Oliven für das Öl der Marke Iliada werden in Olivenhainen rund um die Stadt Kalamata geerntet***

GRIECHENLAND Die Griechen verbrauchen pro Kopf im Jahr mehr Öl als jedes andere Volk. Ihre extra nativen Olivenöle haben einen starken, rustikalen Geschmack voller mediterraner Energie. Der Peloponnes und Kreta sind die größten Produzenten; das Öl wird hauptsächlich aus *Koroneiki*-Oliven gewonnen. Meine persönlichen Favoriten sind Messara und Karyatis. Frisch schmecken beide fantastisch. Obwohl ich mit Freuden alle möglichen Arten von Olivenöl probiere, komme ich doch immer wieder zu gutem griechischem Öl zurück.
Empfohlene Öle: Messara, Solon, Karyatis, Kolymvari, Iliada

PORTUGAL Portugiesische Öle haben oft eine goldene Farbe und einen starken, etwas überreifen Geschmack. Obwohl viele davon nicht ganz so gut schmecken, kann man mit ihnen doch sehr gut kochen. Ein portugiesisches Öl kann bei einer Verkostung nicht so gut abschneiden und doch in Verbindung mit eine Platte Tomaten oder gegrilltem Fisch absolut köstlich wirken. Auf jeden Fall sind sie in der Regel sehr erschwinglich.
Empfohlene Öle: Quinta de la Rosa, »Gallo« Victor Guedes

USA (KALIFORNIEN) Nachdem ich mir lange Zeit mein Olivenöl direkt vom Erzeuger in mitgebrachte Flaschen füllen ließ, fand ich es interessant, die kalifornischen Sorten mit traditionellen Ölen aus dem Mittelmeerraum zu vergleichen. Olivenöl aus Kalifornien schmeckt eher frisch und leicht, jedoch manchmal etwas säuerlich, und die Qualität reicht von »in Ordnung« bis »sehr, sehr gut«. Durch Experimentieren mit unterschiedlichen Olivensorten macht die Industrie spürbare Fortschritte.
Empfohlene Öle: Bariani, Napa Valley Olive Oil, The Olive Press (Glen Ellen), Conzorzio

ISRAEL Der Genuss von israelischem Olivenöl ist am größten, wenn man selbst mit einer leeren Flasche zum nächsten arabischen Dorf geht und sie sich dort mit kaltgepresstem Öl füllen lässt. In Haifa gibt es ein Museum, das allen Arten von genießbaren Ölen, besonders dem Olivenöl, gewidmet ist. Land of Canaan stellt ein herrliches Öl mit goldener Farbe und mit einem Geschmack nach Obst und Mandeln her. Anderen Herstellern, z. B. der Golan-Kellerei, kann man nur wünschen, dass ihr Öl für den Rest der Welt zukünftig leichter erhältlich sein wird.
Empfohlenes Öl: Land of Canaan

TÜRKEI Als fünftgrößtes Olivenöl produzierendes Land der Welt stellt die Türkei nicht nur sehr viel Öl her, sondern hat auch eine vollständig darauf basierende Kochkultur.
Empfohlene Öle: Beverly Mustard Co., Kristal

AUSTRALIEN Überragend ist das Olivenöl der Mönche aus New Norcia (Westaustralien). Es hat eine ungewöhnliche Frische und einen sehr vollen Geschmack.
Empfohlenes Öl: New Norcia

LIBANON Libanesisches Olivenöl ist zunehmend auch bei uns erhältlich. Ich hatte die Möglichkeit, eine unettikettierte Probe aus einheimischer Pressung zu verkosten, die delikat und leicht, aber nicht fade schmeckte und an ein sehr gutes türkisches Öl erinnerte.

TUNESIEN Das Land ist der größte Ölproduzent in Nordafrika. Die Olivenölindustrie ist von enormer Bedeutung für die dortige Wirtschaft und beschäftigt 20 % der arbeitenden Bevölkerung. Etwa die Hälfte des Öls wird nach Europa exportiert.

MAROKKO UND LIBYEN Beide Länder produzieren beträchtliche Mengen an Olivenöl und verwenden es in ihren vielfältigen, gesunden Küchen.

ARGENTINIEN UND CHILE In diesen beiden südamerikanischen Ländern werden Anbau und Pressung von Oliven in größerem Umfang betrieben. Sie exportieren jedoch nur sehr geringe Mengen, sodass es mir nicht gelang, von dort stammende Olivenöle für dieses Buch zu probieren.

NEUSEELAND produziert geringe Mengen an qualitativ hochwertigem Olivenöl.

SÜDAFRIKA Das Land am Kap produziert nur geringe Mengen Olivenöl, das aber einen hohen Qualitätsstandard erreicht.

Gegenüber: ***Verschiedene Olivensorten sind ohne jede Beigabe perfekte Appetitanreger***

Unten: ***Die Oliven auf diesem französischen Marktstand lassen einem das Wasser im Mund zusammenlaufen***

Die Segnung der Oliven im Kloster am Berg Hymettos

An einem heißen Junitag schloss ich mich einer Gruppe von Kochbuchautoren an, um der Segnung des Olivenöls durch die Mönche des Kloster am Berg Hymettos in Griechenland beizuwohnen. Inmitten üppiger Vegetation sprachen die Mönche von dem Reichtum, den uns das Olivenöl verleiht, und ermahnten uns, nicht das Öl selbst zu würdigen, sondern die göttlichen Kräfte, die die wundervolle Frucht erschufen, die in dem Garten, den wir Leben nennen, gepflückt wird. Wir probierten dann verschiedene Öle. Jedes Öl gab langsam sein Aroma preis, während wir Brotstücke hineintauchten und uns um den Tisch herum bewegten, um zur nächsten Probe zu gelangen. Jedes Öl schmeckte anders. Dann wurde eine vorwiegend vegetarische Mahlzeit aus mit Olivenöl zubereiteten Speisen serviert: »Tourlu« (s. S. 74), reife Tomaten mit Feta, Augenbohnensalat mit Kapern und Nudeln mit Tintenfisch – und alles duftete nach Olivenöl.

Haltbarmachung und Olivensorten

Der Bittergeschmack von Oliven wird durch einen Inhaltsstoff namens *Oleuropein* hervorgerufen, der ihnen durch bestimmte Verfahren entzogen wird, um sie essbar zu machen. Dieser Prozess macht die Oliven weicher und haltbarer und setzt die Aromen frei. Das Verfahren hängt von den Traditionen des jeweiligen Anbaugebietes sowie der Olivensorte ab.

Gemäß der spanischen Überlieferung wurden die ersten essbaren Oliven am Meer gefunden, in das die bitteren Früchte gefallen waren und wo sie in Felsvertiefungen durch den Salzgehalt des Wassers gepökelt wurden – ganz wie in der Salzlake, die heute noch rund ums Mittelmeer benutzt wird. Und die von der Sonne verwöhnten Kräuter, die auf den Felsküsten wachsen – Rosmarin, wilder Fenchel, Thymian und Salbei –, gaben das Kräuteraroma für die Marinade, in die man Oliven einlegt. Die meisten Mittelmeerländer verfahren heute so mit ihren Oliven.

Außerdem legt man Oliven in Lauge (Kalifornien) oder Holzasche (Spanien) ein. Dadurch wird das Oleuropein entzogen, aber auch der Geschmack beeinträchtigt. Das Resultat sind die als Konserven verkauften »reifen« kalifornischen oder milden spanischen Oliven. Auch die Kombination zweier Methoden, ein Salzlakenbad nach dem Laugenbad, ist gebräuchlich. Schließlich können den Oliven durch Bestreuen mit Salz die Bitterstoffe entzogen werden, um sie dann in Olivenöl oder trocken und leicht gesalzen einzumachen. Dies wird besonders bei schwarzen Oliven angewendet.

In allen Regionen der Welt, in denen Oliven angebaut werden, ist das Einlegen und Würzen von Oliven eine traditionelle Kunst und als solche ein wichtiger Bestandteil der Esskultur. Manche Oliven, wie etwa die *Niçoise*, sind winzige, aber sehr delikate Bissen, während andere, wie die fleischigen grünen *Gordals* oder *Queens*, fast so groß wie Hühnereier und sehr saftig sind. Zu der Vielfalt von Olivensorten kommen die unterschiedlichen Einmachverfahren: in Salz oder Salzlake, trocken und runzlig oder in Öl eingelegt. Auch die Auswahl an Marinaden ist beträchtlich: Es gibt zum Beispiel grüne Oliven in Harissa (einer feurig scharfen Sauce aus Tunesien), mit Zitronen und zerstoßenem Koriander gespickte grüne Oliven, grüne Oliven mit getrockneten Tomaten in Öl und schwarze Oliven in Olivenöl und Oregano oder mit Zwiebeln, Piment oder Karotten. Gefüllt werden Oliven mit Mandeln, Anchovis, Paprika, Zwiebeln und ganzen Knoblauchzehen angeboten.

Der Name einer Olivensorte kann auf die Einmachart, die Marinade, die wissenschaftliche Bezeichnung oder ihren Ursprungsort zurückgehen. Am besten merkt man sich, welche man mag, und kauft sie beim nächsten Mal wieder. Alle Olivensorten aufzuführen, würde den Rahmen dieses Buches sprengen, darum habe ich im Folgenden lediglich einige bedeutende Sorten genannt. Und noch ein guter Rat: Entsteinte Oliven (mit der Ausnahme von gefüllten) sollte man nicht kaufen, weil der Stein zum Aroma der Früchte beiträgt und es einfach dazugehört, nach dem Verzehr des Fleisches noch ein wenig den Stein auszulutschen.

Amphissa: Außen fest, innen weich mit viel Fleisch; erinnert sowohl an Trauben als auch an das Meer.
Arbiquena: Eher klein und von grünbrauner Farbe, oft noch mit Blättern und einem eher frischen als reifen Geschmack.
Cerignola: Leuchtend schwarz und von der Konsistenz einer reifen kalifornischen oder spanischen Olive, mit einem salzigen, intensiven Olivengeschmack.
Elitses: Winzige griechische Tafelolive mit durchdringender Säure, die in Salzlake eingelegt wird und von Grün über Braun bis Schwarz alle Farben haben kann; ähnelt der Niçoise und der ligurischen Olive.

Oben: ***Oliven auf griechische Art***

Getrocknete Oliven mit Öl oder Salz: Runzlige, trockene schwarze Oliven mit fruchtigem Geschmack und von etwas zäher Konsistenz, deren Aroma von trüffelartig bis recht bitter variieren kann. Einige davon sind sehr zäh, was von Vorteil ist, wenn man sie Eintöpfen oder Saucen beigibt, weil das Fruchtfleisch dann zart wird und die Oliven dem Gericht eine angenehme bittere Note verleihen. Die bekannteste Sorte dieser Gattung ist die Gaeta-Olive.
Gesprungene grüne Oliven: Leicht bitter, rissig und in Salzlake, oft auch mit Koriander, Zitrone, Kreuzkümmel und anderen Gewürzen eingelegt. Naphlion ist eine der bekanntesten Sorten.

Oben: **Kalamata-*Oliven***

Ionische Oliven: Rundliche und fleischige grüne Oliven aus dem griechischen Süden, die in Salaten und als Appetitanreger schmecken.
Kalamata: Oval und fleischig mit etwas zugespitztem Ende; diese Olive ist vielleicht die weltweit bekannteste – und zurecht! Hervorragend in Geschmack und Konsistenz, kann sie überall dort eingesetzt werden, wo eine schwarze Olive mit durchdringend starkem Aroma erwünscht ist.
Mammutolive: Sehr groß, grünlich purpurn, mit kräftigem Geschmack.
Manzanilla: Die typische spanische Olive: fleischig, saftig und von grüner Farbe, wird sowohl gepresst als auch eingelegt.
Moulin de Daudet: Aus dem Dorf Fonvielle in der Provence. Die schwarze Moulin de Daudet hat ein volles, reiches Aroma mit einem Hauch von Anis; die grüne eine butterartige Konsistenz mit Anklängen an Kräuter, Pinien und Zitrusfrüchte.
Niçoise: Kleine, kräuterartige Olive von graugrüner bis schwarzer Farbe und mit wunderbarem Aroma, das typisch für Nizza geworden ist. Ihr eigentlicher Name ist Cailletier.
Nyons: Köstliche große schwarze Oliven, die in ganz Frankreich berühmt sind. Aufgrund des angenehmen leichten Bittergeschmacks sehr gut zum Einlegen in Salzlake oder mit Salz geeignet.
Oliven auf griechische Art: Üppig groß, violettschwarz, saftig und mit viel Fruchtfleisch und Aroma; werden in Salzlake verkauft.
Picholine: Bekannteste grüne Olive Frankreichs: schmal, länglich und gelbgrün; oft nur leicht eingelegt. Frisch und lebendig im Geschmack.
Queen oder Gordal: Sehr große und fleischige grüne Oliven; fast so groß wie ein kleines Hühnerei.

Anmerkung zu den folgenden Rezepten

Ich wollte in dieses Buch traditionelle und ausgefallene Gerichte aus aller Welt aufnehmen, denen Olivenöl ihren Geschmack oder die besondere Note verleiht, auch ein paar Rezepte mit eingelegten Oliven. Schließlich entschied ich mich für Gerichte, die entweder durch Olivenöl erst zu dem werden, was sie sind, oder in denen das Aroma des Öls am besten zur Geltung kommt. Während manche Gerichte am besten gelingen, wenn sie in einer reichlichen Menge des duftig süßen Öls »baden«, genügt bei anderen die Zugabe von sehr geringen Mengen. Die Möglichkeiten zum Genuss der Olive und ihres Öls sind unbegrenzt. Ich biete Ihnen einige meiner Lieblingsrezepte an – genießen Sie sie!

Vorspeisen und Snacks

Oliven sind der klassische Appetitanreger: ein paar delikate, salzig schmeckende Häppchen, die man knabbert, während man im Café sitzt und das Leben auf der Hauptstraße verfolgt oder von einer Terrasse aus das Dorf beobachtet. Oder man genießt sie nach einem schweren Arbeitstag in der eigenen Küche. Genau genommen schmecken sie jederzeit und überall gut.

Gerichte mit Olivenöl sind leicht und schmackhaft – wie geröstete und in Öl eingelegte Paprika; frischer, süßlicher, roher Fenchel, der mit dem Öl beträufelt wird; gegrillter Fisch, der zuvor mit Olivenöl eingepinselt wurde. Und immer sollten dazu ein paar Stücke Brot serviert werden, mit denen man das würzige, aromatische Öl, das sich mit den Säften der übrigen Zutaten vermischt hat, auftunken kann.

Suppen aus Gemüse und Kräutern geraten mit Olivenöl besonders leicht und anregend. Dies gilt besonders für den Mittelmeerraum, wo nahrhafte und erfrischende Gerichte Tradition haben, z. B. Fischsuppen, Gemüsesuppen mit Pistou oder Pesto und kalte Suppen mit rohem Gemüse, die als »Gazpachos« bekannt sind.

Das einfachste Olivengericht

Man lässt eine Auswahl verschiedener Olivensorten abtropfen und füllt sie in eine Servierschüssel. Das Nebeneinander von großen dunkelvioletten, winzigen grünen, runzligen schwarzen und runden maulwurfsgrauen Oliven ist ein erhebender Anblick. Ein paar Olivenblätter runden das Bild ab; falls diese nicht erhältlich sind, können sie durch Rosmarinzweige und ein oder zwei Lorbeerblätter ersetzt werden.

Zubereitungszeit:

10–15 Min.

Olive e Formaggio

Ein Teller mit Oliven, Rosmarin, Käsewürfeln und Olivenöl

Dieses einfache Gericht schmeckt am besten, wenn es eine Zeit lang im Öl einweichen konnte. Man serviert dazu Brotstücke zum Dippen und einen Tomatensalat. Die Oliven beträufelt man nach Belieben mit ein paar Tropfen Balsam- oder Sherryessig.

Für 4 Personen

- 225 g schwarze Oliven (z. B. in Salz oder Öl eingelegte aus Italien, große, fleischige, salzige aus Griechenland oder die kleinen aus Kreta)
- 50 ml extra natives Olivenöl
- 1 TL frischer Rosmarin, gehackt
- 50 g Feta, Mozzarella oder anderer weißer Käse, gewürfelt

Zubereitungszeit: ca. 5 Min.

Marinieren: ca. 1 Std.

Die Oliven mit Öl, Rosmarin und Käse vermischen und mindestens 1 Stunde einweichen lassen.

Pinzimonio

Ein Fest aus Gemüse und Olivenöl

Das frische Gemüse schmeckt durch das fruchtige, aromatische Olivenöl – die Krönung des Gerichts – noch besser. Jeder bekommt ein Schälchen mit etwas Olivenöl, das er nach Belieben mit Salz, Pfeffer und eventuell etwas Zitronensaft oder Balsamessig würzt, und dippt die Gemüsestückchen in diese delikate Sauce.

FÜR 4 PERSONEN

- 1 rote Paprikaschote, entkernt und in Streifen geschnitten
- 1 Fenchelknolle, in Streifen geschnitten, die mit etwas Zitronensaft beträufelt sind, damit sie sich nicht verfärben
- 1 Chicoréestaude, in Blätter zerteilt
- 2–3 Artischockenherzen (roh, wenn sie jung und zart sind, ansonsten blanchiert), in Zitronensaft gewendet, damit sie sich nicht verfärben
- ½ Gurke, in Scheiben geschnitten
- ½–1 Kopf Radicchio, ohne Strunk und in Blätter zerteilt
- 4 Selleriestängel, in große Stücke geschnitten
- 1 Hand voll Rucola
- 1 Hand voll Erbsenschoten
- ein paar Babymöhren, blanchiert oder kurz gedämpft
- 4 reife Tomaten, geachtelt
- ein Krug mit gutem fruchtigem Olivenöl (mindestens 1–2 EL pro Person)
- 3–4 EL Balsamessig pro Person
- 3–4 EL grobkörniges Meersalz pro Person
- 1–2 EL grob gemahlener schwarzer Pfeffer pro Person
- 1 Zitrone, in Spalten

Zubereitungszeit:

15–30 Minuten

❶ Das Gemüse auf Platten oder in einem Korb anordnen. Allen Essern sollten scharfe Messer zur Verfügung stehen, mit denen sie nach Wunsch das Gemüse in kleinere Stücke schneiden können.

❷ Den Krug mit Olivenöl auf den Tisch stellen. Jeder erhält ein Schüsselchen Essig, eine Platte mit Salz, Pfeffer und Zitronenspalten und eine Untertasse, auf der Sauce und Gemüse gemischt werden.

Salsa d'Olive

Sauce aus schwarzen Oliven und Fenchel

In Öl eingelegte Oliven eignen sich gut für diese Sauce. Jede aromatische Sorte von schwarzen Oliven, die nicht zu durchdringend schmeckt, ist akzeptabel. Das Gericht kann mit Brot als Antipasto serviert werden oder als Beilage zu gegrilltem Thunfisch.

FÜR 4 PERSONEN

- 1 Fenchelknolle, gewürfelt
- Saft von ½ Zitrone
- 10–15 schwarze Oliven in Öl, entsteint und halbiert oder geviertelt
- 2–3 EL extra natives Olivenöl

Zubereitungszeit: ca. 10 Min.

Alle Zutaten miteinander vermischen und genießen.

Carciofi alla Romana

mit Kräutern und Olivenöl geschmorte Artischocken

Artischocken, mit Minze, Petersilie und Knoblauch gefüllt und in Olivenöl und Zitronensaft geschmort, gehören zu den Höhepunkten der römischen Küche.

FÜR 4–6 PERSONEN
- 10 g Petersilie, fein gehackt
- 2–3 EL frische Minzeblätter (oder mehr), fein gehackt
- 8–10 Knoblauchzehen, fein gehackt
- Salz und Pfeffer (nach Belieben)
- 125 ml extra natives Olivenöl
- 8 Artischocken mittlerer Größe
- Saft von 1 Zitrone

Zubereitungszeit: 30–40 Min.

Kochzeit: ca. 75 Min.

❶ Petersilie, Minze, Knoblauch, Salz und Pfeffer mit 3 EL Olivenöl zu einer Paste vermischen. Die Paste durchziehen lassen.

❷ Die harten, äußeren Blätter der Artischocken entfernen und die scharfen Spitzen der zarten, inneren Blätter abschneiden. Die Blüten öffnen und das »Heu« auf dem Artischockenboden mit einem Löffel und einem scharfen Schälmesser herauskratzen. Den entstandenen Hohlraum in den Artischocken mit der Kräutermischung füllen, dann alle nebeneinander in eine Auflaufform legen. Mit Salz und Pfeffer würzen und mit der verbliebenen Kräutermischung, dem restlichen Olivenöl und dem Zitronensaft übergießen. Gerade so viel Wasser hinzufügen, dass die Artischocken bedeckt sind. Die Form mit einem Deckel oder mit Folie zudecken.

❸ Das Gericht im vorgeheizten Backofen bei 180 °C etwa 1 Stunde garen. Die Sauce probieren; wenn sie zu wenig Geschmack hat, gießt man sie in einen Topf und lässt sie einkochen, bis sie kondensiert und intensiver wird – die Flüssigkeit soll verdampfen, während das aromatische Öl zurückbleibt. Wenn dies eintritt, sofort vom Herd nehmen, abschmecken und wieder über die Artischocken gießen. Heiß oder kalt servieren.

Steckrüben nach Balkanart

mit Olivenöl und Walnüssen

Wir probierten dieses Gericht vor einigen Jahren anlässlich einer Hochzeit in Bulgarien. Das Olivenöl ist keine typisch bulgarische Zutat, sondern wurde von Gästen aus Mazedonien mitgebracht, die diesen Steckrübensalat damit beträufelten.

FÜR 4 PERSONEN
- 2–3 junge Steckrüben mittlerer Größe, geschält
- 1 EL extra natives Olivenöl (oder mehr)
- Saft von ½ Zitrone (nach Belieben auch mehr)
- Meersalz (nach Belieben)
- 2–3 EL Walnusskerne
- ½ TL Petersilie, gehackt, oder 1 Stängel Petersilie zum Garnieren

Zubereitungszeit: 10–15 Min.

Die Steckrüben grob reiben und mit Olivenöl, Zitronensaft und Salz vermischen. Auf einer Platte anrichten und mit den Walnüssen und dem Petersilienstängel garnieren bzw. mit Petersilie bestreuen.

▲ *Eine Auswahl von Vorspeisen*

Ardei cu Untdelemn

Gegrillte Paprikastreifen in Olivenöl

Gegrillte Paprikastreifen in Öl sind ein typisch mediterranes Gericht, das in vielen Varianten rund ums Mittelmeer und im Nahen Osten zu finden ist. Aber es ist auch das Nationalgericht Rumäniens, das dort zusammen mit dicken Scheiben Brynza (einem dem Feta ähnlichen Käse) oder gegrillten Fleischbällchen mit Knoblauch verzehrt wird.

FÜR 4 PERSONEN
- je 3 rote, gelbe und grüne Paprikaschoten (oder 9 von einer Sorte)
- 1 EL Salz
- 125 ml Weinessig
- 125 ml Wasser
- 125 ml extra natives Olivenöl
- 5 Knoblauchzehen, gehackt
- 2 TL Paprikapulver
- ½ TL Zucker (nach Belieben)

ALS BEILAGEN:
- ein Thymianzweig
- 50–75 g Brynza oder Feta, gewürfelt
- eine Hand voll schwarzer Oliven

Zubereitungszeit:

ca. 1 Std. 35 Min.

Marinieren: mindestens 2 Std.

Kochzeit: 15 Min.

❶ Die Paprikaschoten direkt auf den heißen Herd legen und dort von allen Seiten erhitzen, bis die Haut ringsum leicht verkohlt ist, oder auf ein Backblech legen und etwa 30 Minuten unter dem Grill des Backofens rösten, dabei mehrmals wenden, sodass sie von allen Seiten Farbe annehmen.

❷ Die Schoten in ein Küchenhandtuch wickeln; in eine fest verschließbare Schüssel legen oder in eine Plastik- oder Papiertüte geben und diese fest verschließen. 1 Stunde darin abkühlen lassen.

❸ Die Haut der Paprikaschoten mit einem Schälmesser abziehen. Das Fleisch vorsichtig unter kaltem Wasser abspülen, um etwaige verkohlte Stellen zu entfernen, aber nicht zu lange, damit das Raucharoma nicht verfliegt. Die Stielansätze und die Kerne mit dem Schälmesser entfernen. Den Saft aus dem Inneren der Schoten aufbewahren.

❹ Die Paprikaschoten der Länge nach halbieren und in eine Mischung aus ihrem eigenen Saft, Salz, Essig, Wasser, Olivenöl, Knoblauch, Paprikapulver und Zucker (nach Belieben) einlegen. Das Ganze vor dem Servieren mindestens 2 Stunden kalt stellen, besser noch über Nacht.

Taramasalata

Tarama ist der gesalzene und getrocknete, leicht geräucherte Rogen von Meeräsche oder Kabeljau. Diese feste, rosa-orange Masse aus zerdrückten Fischeiern wird zu Taramasalata, einem rosafarbenen Schaum, verquirlt, durch Zugabe von Brot oder Kartoffeln eingedickt, mit Olivenöl angereichert und mit Zwiebeln aromatisiert. Das Gericht sollte glatt und cremig sein und nach Olivenöl und nach Meer schmecken.

Für 4–6 Personen

- 3 Scheiben Landbrot
- 125 g Tarama
- 1 frisch gekochte weiche Kartoffel, geschält und grob zerstampft
- 1–2 Knoblauchzehen, durchgepresst
- 1 kleine Zwiebel, gehackt
- Saft von 2 unbehandelten Zitronen
- 250 ml extra natives Olivenöl
- 2–3 Frühlingszwiebeln, in dünne Ringe geschnitten
- einige Stängel frischer Dill, gehackt
- griechische schwarze Oliven zum Garnieren

Zubereitungszeit: ca. 30 Min.

Kühlzeit: mindestens 1 Std.

❶ Das Brot 1 bis 2 Minuten in kaltem Wasser einweichen, dann gut ausdrücken.

❷ Das Brot zusammen mit Tarama, Kartoffel, Knoblauch, Zwiebel und Zitronensaft zu einer festen Masse verrühren und in den Mixer geben. Je nach Geschmack zu einem groben oder feinen Püree verarbeiten.

❸ Das Olivenöl teelöffelweise dazugeben und nach jeder Zugabe gut unterrühren, bis eine dickflüssige, aromatische Tarama-Mayonnaise entsteht.

Abschmecken und die Konsistenz überprüfen: Wenn die Creme zu stark, schwer oder nicht cremig genug ausgefallen ist, verdünnt man die Mischung mit ein paar Teelöffeln Wasser. Dann die Frühlingszwiebeln und den Dill unterrühren. Die Mischung in eine Schüssel füllen und etwa 1 Stunde kalt stellen, anschließend mit schwarzen Oliven garniert zu frischem Brot servieren.

Pomodori Arrosti

Geröstete Tomaten mit Knoblauch und Basilikum

Am besten schmeckt dazu knuspriges Brot, mit dem man die Sauce und den Tomatensaft auftunken kann.

FÜR 4 PERSONEN
- 12 mittelgroße reife Tomaten
- 4–5 EL extra natives Olivenöl
- ½–1 TL Balsamessig (nach Belieben)
- grobes Meersalz (nach Belieben)
- 3–5 Knoblauchzehen, fein gehackt
- eine Hand voll frisches Basilikum, grob zerpflückt

Zubereitungszeit: 5–10 Min.

Kochzeit: 1 Std. bis 1 Std. 30 Min.

❶ Die Tomaten in Abständen von etwa 3 cm in einer Kasserolle anordnen und mit 1 bis 2 TL Olivenöl beträufeln.

❷ Den Backofen auf 220 °C vorheizen und die Tomaten darin etwa 20 Minuten rösten. Die Hitze auf 160 °C reduzieren und die Tomaten weitere 30 Minuten garen, dann herausnehmen und abkühlen lassen, vorzugsweise über Nacht, damit der Saft eindickt.

❸ Die Tomaten häuten und den Saft herauspressen, der dann wieder über die Tomaten gegossen wird.

❹ Die Tomaten mit Olivenöl und Balsamessig beträufeln und mit Salz, Knoblauch und Basilikum bestreut servieren.

Brandade aux Lentilles

Brotaufstrich aus Kartoffeln und pürierten Linsen

Die klassische Brandade *ist eine feste Paste aus Kartoffeln und gekochtem und gesalzenem Kabeljau. Statt des Fischs kann man aber auch Gemüse verwenden.*

FÜR 4 PERSONEN
- 4 mittelgroße Kartoffeln, geschält und in Viertel oder Stücke zerteilt
- 225 g grüne Linsen, gekocht
- ½ TL Kräuter der Provence
- 4–5 Knoblauchzehen, durchgepresst
- Meersalz
- 125 ml extra natives Olivenöl
- Saft von ½ Zitrone
- frisch gemahlener schwarzer Pfeffer
- 8–10 schwarze Oliven
- eine Hand voll Rucola
- etwas Paprikapulver

Zubereitungszeit: ca. 15 Min.

Kochzeit: 15–20 Min.

❶ Die Kartoffeln etwa 15 Minuten weich kochen, dann abgießen und zerstampfen. In der Zwischenzeit die Linsen zerkleinern oder pürieren. Kartoffeln, Linsen und Kräuter der Provence vermischen.

❷ Den Knoblauch mit dem Salz zu einer Paste verarbeiten und diese unter das Gemüse heben. Das Olivenöl esslöffelweise unterrühren, bis das Gemüse das gesamte Öl aufgesogen hat. Wenn kein Öl mehr aufgenommen wird, sollte kein weiteres mehr hinzugefügt werden.

❸ Mit Zitronensaft, Salz und Pfeffer würzen und in eine Schüssel füllen. Die Brandade mit Oliven und Rucola garnieren und mit etwas Paprikapulver bestreuen.

Frühstück nach Art des Nahen Ostens

Aufstrich aus Feta und Joghurt mit Olivenöl und Dukkah

Das klassische Frühstück des Nahen Ostens besteht aus Brot mit Olivenöl, einem würzigen Aufstrich aus Schafskäse und Joghurt und einer Prise der dort beliebten Nuss-Gewürz-Mischung namens Dukkah. Ebenso gut kann man diese Mahlzeit als Nachmittagssnack oder Appetithäppchen servieren.

Für 4 Personen
- 3 Knoblauchzehen, gehackt
- 125–175 g Feta, zerkrümelt
- 3–4 EL Joghurt
- einige EL extra natives Olivenöl
- je 1 TL Koriander, Kreuzkümmel und Thymian, gemahlen
- 1–2 TL Sumach
- je 2–3 EL Sesamkörner und Haselnüsse, grob gemahlen und geröstet

Zum Garnieren:
- 10–15 schwarze Oliven
- 3–5 Frühlingszwiebeln
- 4–8 Stück warme Pitta oder 2–4 Stück warmes Naanbrot, zerteilt und in einem Handtuch warm gehalten

Zubereitungszeit: ca. 30 Min.

❶ Knoblauch, Feta, Joghurt und 1 bis 2 EL Olivenöl mischen und in eine Schüssel füllen.

❷ Koriander, Kreuzkümmel, Thymian, Sumach, Sesamkörner und Nüsse vermischen und das Dukkah herstellen.

❸ Ein paar Esslöffel Olivenöl auf eine Untertasse geben. Die Dukkah-Mischung darüber streuen und mit den Oliven und Frühlingszwiebeln garnieren.

❹ Die Käsecreme mit der Öl-Gewürz-Mischung und dem Brot servieren, sodass jeder sich nach Belieben bedienen und die einzelnen Zutaten nach Geschmack kombinieren kann.

Ntakos

»Pan Bagna« (Tomatensandwich) auf kretische Art

Das Rezept für diese erfrischenden Salatsandwiches (»Dakos« ausgesprochen) verdanke ich meinem Freund Panos Manuelides. Die Zutaten sind gesund, köstlich und reich an Vitaminen und Ballaststoffen. Die frischen Aromen von Gemüse und Olivenöl kommen dabei wunderbar zur Geltung.

Dieser Snack sollte im Voraus zubereitet werden. Er schmeckt an heißen und schwülen Tagen besonders gut und eignet sich auch hervorragend für Picknicks; oft habe ich Familien nachmittags in den Feldern sitzen und Ntakos essen gesehen.

FÜR 4 PERSONEN

- 4 Vollkorncracker (z. B. Paximadia)
- 12 oder mehr reife und saftige Tomaten, in Scheiben geschnitten
- etwas frischer Oregano
- etwa 3 Dutzend schwarze Oliven (vorzugsweise aus Griechenland), entsteint und klein geschnitten
- 175–225 g Kefalotiri oder Pecorino, in dünne Scheiben geschnitten oder geraspelt
- 75–125 ml extra natives Olivenöl (vorzugsweise aus Griechenland)

Zubereitungszeit: 10–15 Min.

Marinieren: mindestens 4 Std.

❶ Die Cracker auf einer Platte oder auf Tellern bereitstellen, mit Tomaten, Oregano, Oliven und Käse belegen und mit Olivenöl beträufeln.

❷ Die Sandwiches vor dem Verzehr mindestens 4 Stunden bei Raumtemperatur ziehen lassen.

Carotte Italiane

Marinierte Karotten auf italienische Art

Karotten, die nur kurz blanchiert werden und ihre hellorange Farbe behalten, haben einen süßlichen Geschmack, der durch ein paar Spritzer Olivenöl und Essig noch verbessert wird. Mit etwas Knoblauch und Petersilie wird daraus eine delikate Vorspeise.

Das folgende Rezept stammt von einem älteren italienischen Bauern und seiner noch älteren Mutter, die dieses Gericht besonders schätzten.

FÜR 4 PERSONEN

- 8–10 Karotten mittlerer Größe
- 3–5 Knoblauchzehen, gehackt
- 3 EL extra natives Olivenöl (nach Belieben mehr)
- 2 EL Himbeeressig oder milder Weinessig (nach Belieben mehr)
- 3–5 EL frische Petersilie, gehackt
- Salz und frisch gemahlener schwarzer Pfeffer (nach Belieben)

Zubereitungszeit: ca. 15 Min.

Kochzeit: ca. 15 Min.

Die Karotten in etwa 5 mm dicke Scheiben schneiden und 15 Minuten blanchieren, dann gründlich abtropfen lassen und mit den übrigen Zutaten vermengen. Wenn die Karotten nicht sehr süß sind, kann dem Kochwasser eine Prise Zucker hinzugefügt werden.

▲ Ntakos

Bruschetta al Pomodoro

Bruschetta von reifen Tomaten und Basilikum

Während eines Sommerurlaubs in der Nähe von Florenz bemerkten wir, dass Bruschetta al Pomodoro *auf allen Speisekarten zu finden war. Das Rezept dafür brachte mir der am Mittelmeer ansässige Autor Paul Richardson aus der Toskana mit, wo es auch unter dem Namen* Fettunta *bekannt ist.*

Für 4 Personen
- 4 dicke Scheiben italienisches Landbrot (oder französisches Baguette)
- 125 ml (oder mehr) Olivenöl
- 6 sehr reife Tomaten, gewürfelt
- eine Hand voll frische Basilikumblätter, zerpflückt
- 4 Knoblauchzehen, gehackt
- grobes Meersalz (nach Belieben)

Zubereitungszeit: 10–15 Min.

Kochzeit: 10–15 Min.

❶ Das Brot mit mehreren Esslöffeln Olivenöl bestreichen, auf ein Backblech legen und bei 220 °C im vorgeheizten Backofen etwa 15 Minuten rösten, dabei ein- oder zweimal wenden, bis es knusprig und goldbraun ist.

❷ Die Tomaten mit Basilikum, Knoblauch und dem restlichen Olivenöl mischen. Das Brot damit belegen und mit Meersalz bestreut servieren.

Frittierter Tintenfisch

Zu dem knusprig gebackenen Tintenfisch reicht man eine Platte mit Oliven, Zitronenspalten und mit Fetawürfeln belegte Tomaten. Das verleiht dem Ganzen ein griechisches Flair.

Für 4–6 Personen
- 1,25 kg Tintenfisch (die kleinste erhältliche Sorte)
- 1 TL Meersalz
- etwa 225 g Mehl
- 250 ml Bier, Schaumwein oder Mineralwasser
- 475 ml Olivenöl
- 125 ml extra natives Olivenöl

Zum Garnieren:
- 2 Zitronen, in Spalten

Zubereitungszeit: ca. 15 Min.

Kochzeit: 15 Min.

❶ Falls notwendig den Tintenfisch säubern oder auftauen lassen und in mundgerechte Stücke zerteilen oder in schmale Ringe schneiden.

❷ Das Salz mit dem Mehl auf einem Teller vermischen und das Bier oder eine andere Einweichflüssigkeit auf einer Untertasse bereitstellen. Die Öle miteinander bis fast zum Siedepunkt erhitzen. Den Tintenfisch zuerst im Mehl wenden, dann kurz in die Flüssigkeit tauchen und portionsweise in das heiße Öl geben.

❸ Den Tintenfisch bei mittlerer Hitze 5–8 Minuten frittieren, bis die Stücke knusprig sind, dann herausnehmen und auf Küchenpapier abtropfen lassen. Mit den Zitronenspalten servieren.

Melanzanosalata

auf griechische Art über dem Feuer geröstete Auberginen

Wenn man sie über dem Feuer röstet, nehmen Auberginen einen angenehmen rauchigen Geschmack an. Dazu braucht man aber nicht unbedingt einen Grill: Auch im Backofen oder auf dem Gasherd lässt sich das gewünschte Ergebnis erzielen.

Ähnliche Gerichte findet man überall im Mittelmeerraum, so etwa das mit Tahin angereicherte Baba Ghanoush *im Libanon, der cremige, der Mayonnaise ähnliche* Hatzilim Salata *in Israel oder das französische Gericht* Papeton *mit reichlich Tomaten. Ihr gemeinsames Geheimnis ist das Olivenöl. Auch ohne Zitronensaft oder Knoblauch ist dieses Gericht komplett.*

Für 4 Personen

- 3 lange Auberginen mittlerer Größe
- Meersalz (nach Belieben)
- 125 ml extra natives Olivenöl (falls gewünscht auch mehr oder weniger)
- 1–2 Knoblauchzehen, fein gehackt
- Saft von ½ Zitrone (nach Belieben)

Zubereitungszeit: 10–15 Min.

Kochzeit: 15–20 Min.

Zeit zum Abkühlen: ca. 2 Std.

❶ Die Auberginen auf offener Flamme (auf dem Grill oder auf einem Gasherd) oder unter dem Grill des Backofens 15–20 Minuten rösten, bis die Haut verkohlt und das Fleisch weich ist, dabei mehrmals drehen.

❷ Die Auberginen vom Herd oder Grill nehmen, in eine fest verschließbare Schüssel legen und etwa 2 Stunden abkühlen lassen. Anschließend die Auberginen vollständig von der verkohlten Haut befreien und das Fruchtfleisch wieder in die Schüssel mit der verbliebenen Flüssigkeit geben.

❸ Etwa zwei Drittel des Auberginenfleischs grob hacken und mit Salz bestreuen. Das restliche Drittel mit dem Olivenöl im Mixer pürieren. Alles zusammen in der Schüssel vermischen.

❹ Das Ganze mit Knoblauch, Zitronensaft und Salz abschmecken und bis zum Servieren kalt stellen.

Geviche

Marinierter Fisch und Meeresfrüchte auf mexikanische Art

In Lateinamerika wird Fisch in Limettensaft und Koriander eingelegt, mit Chili gewürzt und mit Olivensaft verfeinert. Eines meiner Lieblingsgerichte stammt aus Peru: Die kleinen sardinenähnlichen Fische werden in Olivenöl knusprig gebraten und dann in eine Marinade aus Limettensaft, Karotten und anderem Gemüse gelegt.

Das folgende Rezept kann auch nur mit Fisch oder nur mit Krabben zubereitet werden, aber die Kombination von Oliven und Olivenöl mit in Zitrussaft eingelegtem Fisch und Krabben ist eine besonders gelungene. Das Gericht kann nach Belieben mit Avocadoscheiben oder scharfen Chilis garniert werden.

FÜR 4 PERSONEN

- 375 g Fischfilet (ohne Haut), in mundgerechte Stücke geschnitten
- 225 g Krabben (ohne Schale), küchenfertig vorbereitet
- Saft von 1 unbehandelten Orange
- Saft von 5 Limetten
- 2 sehr reife, aromatische Tomaten, in Würfel geschnitten
- 6 Frühlingszwiebeln oder 1 rote Zwiebel, in Ringe geschnitten
- je 1 Prise Salz und schwarzer Pfeffer
- etwas frischer Oregano
- 1 Prise Zucker (falls nötig, um die Säure der übrigen Zutaten abzuschwächen und das Aroma der Tomaten hervorzuheben)
- 1 frische grüne Chilischote, gehackt
- 1 Prise Kreuzkümmel (nach Belieben)
- 15 grüne Oliven mit Paprikafüllung, halbiert oder in Scheiben
- 4–5 EL Koriander, grob gehackt
- 1–2 EL extra natives Olivenöl

ZUM GARNIEREN UND ALS BEILAGE:

- 125 g Salatstreifen
- Maistortillas oder Tortillachips

Zubereitungszeit: ca. 20 Min.

Zeit zum Marinieren:

ca. 10–12 Std.

❶ Fisch und Krabben in einer Glasschüssel mit dem Saft der Orange und der Limetten vermischen und über Nacht im Kühlschrank marinieren lassen, dabei ein- oder zweimal wenden.

❷ Tomatenwürfel, Frühlingszwiebeln, Salz, Pfeffer, Oregano, Zucker (falls benötigt), Chiliringe, Kreuzkümmelsamen, Oliven, Koriander und Olivenöl hinzufügen und das Ganze bis zum Servieren kalt stellen. Vor dem Auftragen eventuell etwas Flüssigkeit abgießen. Das Gericht mit Gewürzen abschmecken, mit Salatstreifen garnieren und mit aufgewärmten Maistortillas oder Tortillachips servieren.

Salmorejo

Gazpacho (pürierte Gemüsesuppe) aus Tomaten und grünem Paprika

FÜR 4 PERSONEN
- 125 g trockenes Landbrot
- 175 ml extra natives Olivenöl (vorzugsweise aus Andalusien)
- 350 g reife Tomaten, in Würfel geschnitten
- 1 grüne Paprikaschote, in Würfel geschnitten
- 4 Knoblauchzehen, fein gehackt
- 2 EL Sherryessig
- Salz (nach Belieben)

ZUM GARNIEREN:
- 1 hart gekochtes Ei, gehackt
- 1 Scheibe Landbrot, in Würfel zerteilt und in Olivenöl geröstet
- 1–2 Scheiben Serrano- oder Parmaschinken, in dünne Streifen geschnitten

Zubereitungszeit: ca. 15 Min.

Kühlzeit: ca. 1 Std.

❶ Das Brot in kleine Stücke zerteilen und in eine Schüssel geben. Mit kaltem Wasser bedecken und darin kurz einweichen lassen, dann abgießen und abtropfen lassen.

❷ Das eingeweichte Brot mit Olivenöl, Tomaten, grünem Paprika, Knoblauch, Sherryessig und etwas Salz vermischen und mit dem Pürierstab oder im Mixer zu einem dickflüssigen Püree verarbeiten. Das Püree mit Gewürzen abschmecken und etwa 1 Stunde kalt stellen, dann nach Belieben mit Ei, Brotwürfeln und Schinken garnieren und servieren.

Diese Suppe erhält ihre cremige Konsistenz durch die Mischung von Gemüse mit püriertem trockenem Brot und Olivenöl. Sie ist eine Spezialität aus Andalusien, wo man sie traditionell durch Zerstampfen zubereitet. Salmorejo kann man als Vorspeise reichen oder als Tapa aus kleinen Schüsselchen schlürfen. Ein paar knusprige Beilagen verleihen dieser Suppe den nötigen Biss. Üblicherweise verwendet man dafür geröstete Brotwürfel, hart gekochtes Ei und dünne Streifen von spanischem Schinken.

Soupe de Légumes Vertes au Pistou

Gemüsesuppe mit »Pistou«

Man kann der Suppe nach Belieben Nudeln hinzufügen: Für ein Pistougericht nimmt man etwa eine Hand voll Vermicelli, in Stücke gebrochen und gekocht.

Für 4 Personen

- 1 Lauchstange, in Ringe geschnitten
- 2 Zwiebeln, gehackt
- 5 Knoblauchzehen, grob gehackt
- 3 EL extra natives Olivenöl
- 3 reife, mittelgroße gelbe Tomaten, in Würfel geschnitten
- Salz und frisch gemahlener schwarzer Pfeffer
- 1 Prise Zucker (nach Belieben)
- 1 l Gemüsebrühe
- 3 kleine Zucchini, in mundgerechte Stücke geschnitten
- 1 mittelgroße Kartoffel, geschält und in Würfel geschnitten
- ¼ Kohlkopf, in dünne Streifen geschnitten
- 125 g gekochte Cannellinibohnen
- 8 Mangold- oder Spinatblätter, in dünne Streifen geschnitten
- ¼–½ Kopf Brokkoli, in Röschen zerteilt
- eine Hand voll grüne Bohnen, in mundgerechte Stücke geschnitten
- 1 Portion Pistou (s. S. 118)
- frisch geriebener Parmesan zum Bestreuen

Zubereitungszeit: 15–20 Min.

Kochzeit: 20–30 Min.

❶ Lauch, Zwiebel und Knoblauch kurz im heißen Olivenöl anbraten, bis sie weich werden, dann die Tomaten hinzufügen und bei mittlerer Hitze etwa 10 Minuten garen. Gemüsebrühe, 1 Liter Wasser, Zucchini, Kartoffel und Kohl dazugeben und das Ganze bei mittlerer Hitze weiterkochen, bis die Kartoffelwürfel gar und die Zucchinischeiben und Kohlstreifen weich sind.

❷ Cannellinibohnen, Mangold- oder Spinatblätter, Brokkoli und grüne Bohnen hinzufügen und die Suppe noch etwa 5 Minuten kochen lassen, bis der Brokkoli und die grünen Bohnen gar sind.

❸ Die Suppe in Teller füllen und in jede Portion 1 bis 2 EL Pistou einrühren. Mit Parmesan bestreut servieren. (Das Pistou darf nicht erhitzt werden, weil es dabei sein Aroma verlieren würde.)

▲ Gemüsesuppe mit Pistou

Soupe de Poisson

Fischsuppe

Dieser südfranzösische Klassiker ist nur eine der vielen guten Suppen der Mittelmeerregion. Von Italien über Griechenland, Spanien, Frankreich, Nordafrika bis in die Türkei und weitere Anliegerstaaten des Mittelmeers werden Fischsuppen und -eintöpfe nach einem ähnlichen Grundrezept zubereitet.

Man brät Zwiebeln und Knoblauch in Olivenöl an und gibt z. B. Tomaten und den jeweils gerade erhältlichen Fisch dazu.

Für 6 Personen

- 1 Zwiebel, gehackt
- 1 Lauchstange, gehackt
- 5 Knoblauchzehen, mit 1–2 Prisen Salz, zerrieben
- 125 ml extra natives Olivenöl (oder so viel wie benötigt)
- 1 kg gemischter Fisch oder Fischreste, in kleine Stücke geschnitten
- 450 g reife Tomaten, gehackt
- 2 Lorbeerblätter
- je 1 Prise Thymian, Fenchelsamen und gehackter Rosmarin
- ¼ TL unbehandelte Orangenschale, gerieben
- 1 TL Petersilie, gehackt
- 250 ml trockener Weißwein
- 250 ml fertig zubereitete Fisch-, Gemüse- oder Hühnerbrühe
- ½ TL Safran
- Meersalz (nach Belieben)
- ¼ TL Cayennepfeffer
- 4 Scheiben trockenes Brot, leicht geröstet oder im Ofen knusprig aufgebacken
- 1 Knoblauchzehe, halbiert
- frisch geriebener Käse (empfehlenswert ist eine Mischung aus Gruyère und Parmesan)
- Rouille (s. S. 120)

Zubereitungszeit: 20–25 Min.

Kochzeit: ca. 1 Std. 30 Min.

❶ Zwiebel, Lauch und Knoblauch in einigen Teelöffeln Olivenöl kurz anbraten. Den Fisch dazugeben und alles weitergaren, dabei eventuell etwas Öl nachgießen.

❷ Gehackte Tomaten, Lorbeerblätter, Thymian, Fenchelsamen, Rosmarin, Orangenschale, Petersilie, Wein und Brühe hinzufügen und so viel Wasser dazugießen, dass der Fisch vollständig bedeckt ist. Das Ganze aufkochen lassen, dann die Hitze reduzieren und die Suppe etwa 40 Minuten köcheln lassen.

❸ Die Suppe mit Safran, Salz und Cayennepfeffer würzen, nochmals aufkochen und bei starker Hitze etwa 20 Minuten sprudelnd kochen lassen, sodass alle Nährstoffe des Fischs die Suppe durchdringen. In der Zwischenzeit das geröstete Brot von beiden Seiten mit den Knoblauchhälften einreiben und mit etwas Olivenöl beträufeln.

❹ Die Suppe gründlich durch ein Sieb streichen, sodass keine Aromastoffe verloren gehen, wieder in den Topf geben und erhitzen. Das Brot mit *Rouille* bestreichen, mit Käse bestreuen und die Suppe mit den darauf schwimmenden *Rouille*-Toasts servieren.

Salate

Rohes Gemüse bleibt rohes Gemüse, aber mit einem Spritzer Olivenöl wird daraus ein Salat. Die meisten Salate schmecken am knackigsten und aromatischsten, wenn sie mit Olivenöl angemacht sind. Auch viele Nussöle, wie etwa Walnuss- oder Haselnussöl, lassen sich hervorragend mit Olivenöl kombinieren.

Balsamessig, Rotweinessig, Zitronensaft oder auch ein Löffel saure Sahne sind exquisite säuerliche Zutaten für einen Salat, und knuspriges Brot zum Dippen in das Dressing ist ohnehin ein Muss.

Salade aux Épinards et Chèvre

Spinatstreifen mit Ziegenkäse und Frühlingszwiebeln

Die schiere Frische und der Geschmack dieses einfachen Salats zaubern einem ein Genießerlächeln ins Gesicht. Falls gewünscht kann der Spinat mit den Frühlingszwiebeln zusätzlich mit ein paar zerpflückten Minzeblättern variiert werden.

FÜR 4 PERSONEN

- 200 g junger Blattspinat
- 2 Frühlingszwiebeln, in dünne Ringe geschnitten
- 1 dicke Scheibe Ziegenkäse (mit Rinde), in mundgerechte Stücke zerteilt
- 1–2 Knoblauchzehen, fein gehackt
- 2–3 EL extra natives Olivenöl
- ½ TL Balsamessig
- Salz und schwarzer Pfeffer

Zubereitungszeit: ca. 10 Min.

❶ Die Spinatblätter aufrollen und mit einem scharfen Messer in möglichst schmale Streifen schneiden. (Je schmaler sie sind, desto leichter und lockerer erscheinen sie.) Die Streifen mit den Frühlingszwiebeln mischen und auf einer Platte anordnen.

❷ Die Spinatmischung mit den Käsestückchen und dem Knoblauch bestreuen, mit Olivenöl und Balsamessig beträufeln und nach Belieben mit Salz und Pfeffer würzen.

Perdices de mi Huerto

»Rebhühner aus meinem Garten«

Keilförmige Stücke von Salaten oder Salate, die gekühlt, wie die Speichen eines Rades angeordnet und mit Olivenöl, Zitronensaft und grobem Meersalz angemacht werden, sind eine Spezialität aus der Region Murcia an der spanischen Südostküste. Anstelle des Zitronensafts kann entgegen der Tradition auch Balsamessig verwendet werden.

Dieses Gericht schmeckt besonders gut, wenn es an einem heißen und schwülen Tag zu einem üppigen Hauptgericht wie etwa Nudeln serviert wird. Sehr gute Ergebnisse erzielt man dabei mit dem kretischen Messara-Olivenöl, denn es verleiht dem Ganzen einen erdig sauberen Olivengeschmack.

FÜR 4 PERSONEN

- 4 Salatherzen oder Kopfsalate, der Länge nach in keilförmige Stücke zerteilt und gekühlt
- Saft von 1–2 Zitronen
- 3 EL extra natives Olivenöl
- etwas grobes Meersalz

Zubereitungszeit: ca. 5 Min.

Den Salat speichenförmig auf einer Servierplatte auslegen, mit Zitronensaft, Olivenöl und Salz bestreuen. Der Salat sollte sofort serviert und verzehrt werden.

▲ Spinatstreifen mit Ziegenkäse und Frühlingszwiebeln

Gemüsesalat auf andalusische Art

mit Kreuzkümmelvinaigrette

Für heiße Tage kann man große Mengen dieses Gerichts zubereiten und es gekühlt zu jeder Mahlzeit anbieten, sogar zum Frühstück, bei dem es besonders erfrischend wirkt. Außerdem kann man es als Beilage zu Sandwiches oder gegrilltem Fisch servieren.

FÜR 4 PERSONEN

- 1 große Gurke, in Würfel geschnitten
- 3–5 reife kleine Tomaten, in Würfel geschnitten
- 1 Karotte, in Würfel geschnitten
- 1 rote und 1 grüne Paprikaschote, in Würfel geschnitten (nach Wunsch zusätzlich eine gelbe Paprikaschote)
- 3–5 Frühlingszwiebeln, in dünne Ringe geschnitten, oder 1 Zwiebel, gehackt
- 3–5 Knoblauchzehen, durchgepresst
- ¼ TL Kreuzkümmel, gemahlen, oder Kreuzkümmelsamen
- Salz
- Saft von 1 Zitrone
- 1 TL Sherryessig oder Weißweinessig
- 3 EL oder mehr extra natives Olivenöl (eine möglichst aromatische Sorte)

Zubereitungszeit: ca. 15 Min.

Die ersten 6 Zutaten vermischen. Kreuzkümmel, etwas Salz, Zitronensaft, Essig und Olivenöl zu einer Vinaigrette verrühren und über das Gemüse geben. Abschmecken und bis zum Servieren kalt stellen.

Bohnen auf ägyptische Art

mit Salat aus rohem Gemüse

Als wir in der Dämmerung in Port Said anlegten, zeigten uns die freundlichen ägyptischen Fischer mit ihren winzigen Booten den Weg in den Hafen. Ich dachte nur an eine einzige Sache: Ful-Bohnen, getrocknete dicke Bohnen, die fleischigen, braunen Bohnen, die Ägyptens Nationalspeise sind, mit Olivenöl beträufelt und mit einer Salatgarnitur. Im folgenden Rezept werden sie als Salat zubereitet.

FÜR 4 PERSONEN

- 200 g gekochte Borlottibohnen
- 2–3 hart gekochte Eier, geschält und in Würfel geschnitten
- extra natives Olivenöl (vorzugsweise aus Griechenland oder der Türkei)
- 3–4 Knoblauchzehen, durchgepresst
- eine großzügige Prise Salz
- 1 Zwiebel, gehackt
- eine Hand voll Rucola, grob gehackt
- 2–3 reife Tomaten, gehackt
- je 1 EL Koriander, Dill und Minze
- 2 Zitronen, in Spalten

Zubereitungszeit: ca. 10 Min.

Kochzeit: 5 Min.

❶ Die Bohnen im eigenen Saft erwärmen, dann abgießen, auf einer Platte anrichten und mit Ei garnieren.

❷ Ein paar Esslöffel Olivenöl mit dem Knoblauch zu einer Paste verrühren und diese über die Bohnen gießen. Das Ganze mit Zwiebel, Rucola, Tomaten, Koriander, Dill und Minze bestreuen, mit Zitrone garnieren und mit etwas zusätzlichem Olivenöl beträufeln. Zu dem Gericht Olivenöl und grobes Meersalz zum Nachwürzen reichen.

▲ *Gemüsesalat auf andalusische Art mit Kreuzkümmelvinaigrette*

Horiatiki Salata

Bauernsalat aus Zypern

Für 4 Personen (Hauptgericht)
oder 4–6 Personen (Vorspeise/Meze)

- ½–1 kleiner Weißkohl
- eine Hand voll Rucola, gehackt
- 3–4 EL frischer Koriander, gehackt
- 1–2 EL frische Petersilie, gehackt
- wilder Salat nach Belieben (siehe oben)
- 1 Gurke, gewürfelt
- 1 Bund Frühlingszwiebeln, in dünne Ringe geschnitten
- ein paar Minzeblätter, in dünne Streifen geschnitten (falls gewünscht)
- extra natives Olivenöl (nach Belieben)
- Saft von 1 Zitrone und pro Person eine halbe Zitrone als Beilage
- Salz und frisch gemahlener schwarzer Pfeffer
- 5–6 reife, saftige Tomaten, geviertelt
- 10 oder mehr schwarze Oliven
- 10 oder mehr leicht bittere grüne Oliven
- 125 g Feta, in Scheiben geschnitten

Zubereitungszeit: ca. 10–15 Min.

❶ Weißkohl, Rucola, Koriander, Petersilie, ggf. wilden Salat, Gurke, Frühlingszwiebeln und Minze in eine Schüssel geben und mit einem Dressing aus Olivenöl, Zitronensaft, Salz und Pfeffer anmachen.

❷ Auf dem Salat die Tomatenviertel, Oliven und Fetascheiben anordnen und das Ganze mit zusätzlichem Olivenöl und Zitronen servieren.

Anders als griechische Bauernsalate enthalten zypriotische Salate häufig verschiedene »grüne« Zutaten wie etwa Kapernstiele und -blüten, eingelegten wilden Seetang, Rucola (Rauke), Kohlstreifen (Weiß-, Rot- und Grünkohl) und Erbsenschoten. Man weiß nie, welches frische Gemüse den abendlichen Salat bereichern wird, denn die Zyprioten sind begeisterte Sammler wilder Kräuter und Salatpflanzen, die sie ihren Gerichten hinzufügen. Die einzigen Konstanten sind das schimmernde Olivenöl und die beigefügten Zitronenhälften, die man nach Belieben über dem Salat auspresst.

Salade du Berger

Schäfersalat

Für 4 Personen
- 12 dünne Scheiben trockenes Baguette oder Stangenweißbrot
- 2 kleine, runde Stangen Schafskäse oder 4 Laibe Saint-Marcellin
- pro Person etwa 100 g frischer Salat (Rucola, Feldsalat, Frisée und/oder andere frische Salate der Saison)
- 3 EL extra natives Olivenöl (vorzugsweise aus Frankreich oder Ligurien)
- 1 EL Rotweinessig
- 2 Scheiben Parmaschinken oder anderer Schinken, in sehr dünne Streifen geschnitten
- 1 TL Kerbel, gehackt
- 1 TL Schnittlauchröllchen
- 1 TL Petersilie oder frischer Estragon, gehackt

Zubereitungszeit: ca. 15 Min.

Kochzeit: 15–20 Min.

Brot, Käse und Olivenöldressing verleihen diesem Salat den rustikalen Charakter des französischen Südens.

❶ Den Backofen auf 190 °C vorheizen. Die Brotscheiben darin von beiden Seiten insgesamt etwa 10 Minuten rösten, bis sie goldbraun und knusprig sind.

❷ Wenn der runde Schafskäse verwendet wird, schneidet man ihn in Scheiben, setzt auf jede geröstete Brotscheibe eine davon und platziert die Toasts auf einem Backblech. Saint-Marcellin wird ohne Brot direkt aufs Backblech gesetzt. Den Käse mit oder ohne Brot 5–8 Minuten im Backofen erhitzen, bis er heiß ist und zu schmelzen beginnt.

❸ In der Zwischenzeit die Salate mit Olivenöl und Essig anmachen und in eine Schüssel geben. Falls Saint-Marcellin verwendet wird, richtet man die gerösteten Brotscheiben direkt um den Salat herum an.

❹ Den heißen Käse aus dem Ofen nehmen und auf den Salat setzen. Das Ganze mit den dünnen Schinkenstreifen und den gehackten Kräutern bestreuen und sofort servieren.

Causa a la Lemono

Salat aus gestampften Kartoffeln mit Zitrone und Olivenöl, mit einem Hauch von scharfem Chili und verschiedenfarbigen Oliven

Causa *ist ein peruanisches Gericht aus kalten, zerstampften Kartoffeln mit viel Olivenöl, Zitrone und Chilis. Zusätzlich zur traditionellen Garnierung mit schwarzen Oliven kann man das Ganze noch mit einigen gehackten grünen Oliven anreichern.*

Eine Causa muss kräftig gewürzt sein, mit genug Zitronensaft und ausreichend Chili, um das gesamte Verdauungssystem auf Trab zu bringen.

FÜR 4 PERSONEN

- 1 kg mehlig kochende Kartoffeln, geschält und in große Stücke geschnitten
- 1 Zwiebel, fein gehackt
- 3 Knoblauchzehen, fein gehackt
- 50 ml extra natives Olivenöl
- Saft von 2–3 Zitronen
- etwa 1 EL eingelegte Chilischoten (z. B. *Jalapeños en escabeche*) oder eingelegte türkische, italienische oder griechische Peperoni; alternativ kann auch Chilisauce verwendet werden
- 15 grüne Oliven mit Paprikafüllung, grob gehackt
- 1 getrocknete scharfe, rote Chilischote, zerkrümelt, oder ½ TL scharfe, rote Chiliflocken
- Meersalz nach Belieben

ZUM GARNIEREN:

- 1 Zitrone, in Spalten
- eine Hand voll schwarze Oliven (z. B. Kalamata-Oliven)
- 125–175 g weißer Käse, in dreieckigen Stückchen
- eine Hand voll Salatblätter oder gemischter Salat

Zubereitungszeit: ca. 45 Min.

Kochzeit: 20–25 Min.

❶ Die Kartoffeln in kochendem Salzwasser gar kochen, dann abgießen und grob zerstampfen.

❷ Die gehackte Zwiebel mit Knoblauch, Olivenöl, Zitronensaft, eingelegten Chilischoten oder Peperoni sowie 1 TL der Marinade aus dem Glas vermischen. Die gehackten grünen Oliven und die getrocknete Chilischote hinzufügen und nach Belieben mit Salz würzen. Falls die Mischung zu trocken erscheint, mehr Olivenöl und Zitronensaft dazugießen.

❸ Den Salat bis zum Servieren kalt stellen, dann mit frisch aufgeschnittenen Zitronenspalten, schwarzen Oliven, Käse und Salatblättern garniert servieren.

Spanischer Friséesalat

mit Cabrales, Paprika und Oliven

Dieser Salat ist bei warmem Wetter sehr erfrischend: Der Friséesalat hat einen leicht bitteren Geschmack, die gegrillten Paprikaschoten ein typisch mediterranes Aroma, die Oliven und der Blauschimmelkäse ergänzen den Salat als salzig-herbe Bissen.

FÜR 4 PERSONEN

- 1 kleiner Kopf Friséesalat (oder eine andere Salatsorte mit leicht bitterem Geschmack), geputzt, vom Strunk befreit und in kleine Stücke zerpflückt
- 2 gegrillte rote Paprikaschoten, geschält und in Streifen geschnitten
- 75 g Blauschimmelkäse
- 10–15 grüne Oliven mit Paprikafüllung
- 3 EL extra natives Olivenöl
- 1 EL Sherryessig
- eine Tomatenvinaigrette (s. S. 122) als zusätzliche Salatsauce (falls gewünscht)

Zubereitungszeit: ca. 15 Min.

Den Friséesalat mit den Paprikastreifen, dem Käse und den Oliven garnieren und mit Olivenöl und Sherryessig anmachen. Falls gewünscht 1–2 EL einer vorbereiteten Tomatenvinaigrette darüber geben. Sofort servieren.

Fattoush

Libanesischer Salat aus Tomaten, Minze, Petersilie, Gurke und Pitta

Dieser Salat stammt aus dem Libanon. Er besteht aus trockenem Brot und Salatgemüse in einem Dressing aus reichlich Olivenöl und Zitrone und schmeckt sehr erfrischend. Falls verfügbar kann etwas Sumach dazugegeben werden: eine ungefährliche, aber mit der giftigen Frucht des Färberbaums verwandte herbe, rote Beere.

FÜR 4 PERSONEN

- 2 kleine Gurken, gewürfelt
- 3 reife Tomaten, gewürfelt
- 1 grüne Paprikaschote, gewürfelt
- je 25 g (etwa 8 EL) frische Minze, frischer Koriander und frische Petersilie, gehackt
- 3 Frühlingszwiebeln, in dünne Ringe geschnitten
- 1 TL Salz
- 3 Knoblauchzehen, gehackt
- 75 ml extra natives Olivenöl
- Saft von 3 Zitronen
- 1 TL Sumach (falls gewünscht)
- 3–4 altbackene Pittabrote, geröstet und in mundgerechte Stücke zerteilt

Zubereitungszeit: 15–20 Min.

Kühlzeit: ca. 1 Std.

Alle Zutaten für den Salat bis auf das Pittabrot gut mischen und das Ganze mindestens 1 Stunde kalt stellen. Unmittelbar vor dem Servieren die Brotstücke unterrühren.

Griechischer Augenbohnensalat

mit Kaperndressing

Diese Mittagsmahlzeit wurde uns im Gebirge im Kloster am Berg Hymettos anlässlich der Segnung des Olivenöls serviert. Sie beinhaltete diesen köstlichen Salat, zu dem süße, reife Tomaten der Saison und Stücke von knusprigem Brot gereicht wurden.

FÜR 4 PERSONEN (ALS MEZE ODER BEILAGE)

- 350 g getrocknete Augenbohnen
- 2–3 EL Rotweinessig
- 1 Prise Zucker
- 2–3 EL Kapern
- 75 ml extra natives Olivenöl (vorzugsweise aus Griechenland oder Zypern)
- 3–5 Knoblauchzehen, gehackt
- 1 großzügige Prise frischer Oregano, zwischen den Fingern zerrieben
- 2–3 EL frische glatte Petersilie, gehackt
- ¼ rote oder weiße Zwiebel, gehackt
- Salz und schwarzer Pfeffer
- einige grüne Blätter (junger Kohl, Rucola etc.) zum Garnieren

Zubereitungszeit: ca. 15 Min.

Kochzeit: 40–60 Min.

❶ Die Augenbohnen in einen Topf füllen, mit kaltem Wasser bedecken und aufkochen lassen, dann die Hitze reduzieren und die Bohnen etwa 40 Minuten köcheln lassen, bis sie ganz gar sind. (Wenn man die Bohnen über Nacht einweicht, werden sie zarter und man benötigt weniger Zeit zum Kochen.)

❷ Die Bohnen abgießen und mit dem Dressing aus Weinessig, Zucker, Kapern, Olivenöl, Knoblauch, Oregano, Petersilie, Zwiebel, Salz und Pfeffer vermischen. Den Augenbohnensalat auf einem Bett aus gemischten Salat- oder Kohlblättern anrichten und sofort servieren.

Salade aux Betteraves

Marokkanischer Salat aus gegrillten Roten Beten und einer bunten Kartoffelmischung

Nach Möglichkeit sollte man versuchen, neben den Roten Beten auch die gelbe Variante zu bekommen, denn sie gibt dem Gericht eine zusätzliche Farbnote und sorgt immer für einen Überraschungseffekt, weil man ein rotes Gemüse nicht in einer gelben Farbe erwartet. Falls die gelbe Variante nicht erhältlich ist, kann sie mit nahezu dem gleichen Effekt durch gelbe Tomaten oder gelbe Paprikaschoten ersetzt werden. Auch die verschiedenen Schattierungen der Kartoffeln tragen zum breiten Farbspektrum dieses Gerichts bei. Wenn man es dann mit frischem Dill, Koriander und Frühlingszwiebeln bestreut, erhält man einen Salat, der so gut schmeckt, wie er aussieht.

FÜR 4 PERSONEN

- 450 g rohe gelbe Rüben
- 450 g rohe Rote Beten (falls nur vorgekochte Rote Beten erhältlich sind, entfällt das Grillen des Gemüses)
- 1 TL Zucker
- Saft von 1–2 Zitronen
- 120 ml extra natives Olivenöl
- 450 g kleine Kartoffeln verschiedener Sorten in möglichst unterschiedlichen Farben (z. B. neue Kartoffeln, weiße und rote Bataten)
- Salz und Cayennepfeffer nach Belieben
- 250 g gelbe Tomaten, in Scheiben geschnitten
- 250 g Kirschtomaten, halbiert
- ½ TL (oder mehr) Kreuzkümmel, gemahlen
- 2 EL frischer Koriander, gehackt
- 2 EL frischer Dill, gehackt
- 2 Frühlingszwiebeln, in dünne Ringe geschnitten
- 8–10 violettschwarze Oliven (eine runzlige, mit Salz oder Öl eingelegte Sorte, vorzugsweise Gaeta)

Zubereitungszeit: ca. 20 Min.

Kochzeit: ca. 1 Std.

❶ Die Roten Beten nebeneinander auf eine Grillpfanne legen, sodass sie sich nicht berühren. (Falls man auch gelbe Rüben verwendet, werden diese in einer separaten Pfanne gegrillt.) Den Backofen auf 190 °C erhitzen und die Rüben und Roten Beten etwa 1 Stunde grillen, bis sie weich und gar sind; größere Exemplare benötigen mehr, kleinere und zartere weniger Zeit. (Alternativ kann man die Rüben und Roten Beten auch dämpfen oder kochen, aber gegrillt schmecken sie am besten.)

❷ Das Gemüse so weit abkühlen lassen, dass man es anfassen kann, dann die Haut abziehen und das Fruchtfleisch in Würfel schneiden. Die Würfel mit dem Zucker und einem Drittel von Zitronensaft und Olivenöl vermischen und beiseite stellen (gelbe und rote Rüben auch hierbei separat behandeln).

❸ Die Kartoffeln kochen oder dämpfen, bis sie so eben gar sind, dann abgießen und etwas abkühlen lassen. Dann schälen, in Würfel zerteilen und mit einem Dressing aus Salz, Cayennepfeffer und etwa einem weiteren Drittel von Zitronensaft und Olivenöl anmachen, dann beiseite stellen.

❹ Rote und gelbe Rüben, Kartoffeln und Tomaten auf einer Platte anordnen und mit Kreuzkümmel bestreuen. Das Ganze mit dem restlichen Zitronensaft und Olivenöl beträufeln und mit Koriander, Dill, Frühlingszwiebeln und schwarzen Oliven garniert servieren.

Olivenöl ist der perfekte Begleiter für gegrillte Speisen, egal ob es Bestandteil der Marinade oder der Sauce ist oder nur zum Bepinseln des Grillguts verwendet wird.

Wenn man nichts weiter vorgesehen hat, nimmt man einfach einen Krug Olivenöl und ein paar Zitronenspalten mit zum Grill und bestreicht das Grillgut von beiden Seiten mit dem Öl, bevor man es über der Kohle röstet. Das durchgegarte Essen wird auf eine Platte gelegt und mit zusätzlichem Öl sowie Zitronensaft beträufelt. Schließlich streut man nach Belieben Kräuter darüber und schon ist das mediterrane Grillgericht fertig.

Gegrillter Halloumi

mit einer Marinade aus Öl, Weinbrand, Zitronen und Kräutern

Gegrillter Halloumikäse schmeckt kalt etwas zäh, hart und salzig, aber auf dem Grill wird er weich und geschmeidig und nimmt einen köstlichen Rauchgeschmack an.

FÜR 4 PERSONEN

- etwa 225 g Halloumi, in etwa 5 mm dicke Scheiben geschnitten
- 2 EL extra natives Olivenöl (vorzugsweise aus Griechenland oder Zypern)
- 30 ml Weinbrand
- mehrere Prisen Kräuter der Provence oder gemischte Kräuter
- 1 Knoblauchzehe, gehackt
- 1 Zitrone, halbiert

Zubereitungszeit: ca. 5 Min.

Marinieren: $1\frac{1}{2}$–2 Std.

Kochzeit: ca. 5 Min.

❶ Den Käse in eine Mischung aus Olivenöl, Weinbrand, Kräutern, Knoblauch und dem Saft von $\frac{1}{2}$ Zitrone legen und mindestens $1\frac{1}{2}$ Stunden marinieren lassen.

❷ Die andere Zitronenhälfte in Spalten schneiden und beiseite stellen.

❸ Den Halloumi auf dem heißen Grill von beiden Seiten kurz rösten, bis er leicht braun wird, aber ohne dass der Käse durch das Gitter schmilzt (eventuell eine Grillpfanne verwenden).

❹ Den Halloumi vom Grill nehmen, mit den vorbereiteten Zitronenspalten garnieren und sofort servieren.

Souvlaki aus Schweine- oder Lammfleisch

Zu diesem mit Knoblauch und Olivenöl großzügig aromatisierten Gericht inspirierte mich ein Souvlaki, das ich vor 20 Jahren in einer Taverne auf Kreta serviert bekam.

FÜR 6 PERSONEN

- 1,25 kg Schweine- oder Lammfleisch aus Keule oder Schulter (ohne Knochen; das Fleisch sollte mager und zart sein und einen Fettrand haben), in mundgerechte Stücke geschnitten
- 1 Zwiebel, fein gehackt
- 5 Knoblauchzehen, durchgepresst
- 75–125 ml Zitronensaft
- 75–125 ml extra natives Olivenöl
- 1 TL Oregano, gerebelt
- Salz und schwarzer Pfeffer

ZUM GARNIEREN:

- gehackte Petersilie, Oliven, Pitta, Zitronenspalten für Schweinefleisch oder Naturjoghurt für Lammfleisch

Zubereitungszeit: ca. 30 Min.

Marinieren: mind. 3 Std.

Kochzeit: ca. 10 Min.

❶ Das Schweine- oder Lammfleisch in eine Mischung aus Zwiebel, Knoblauch, Zitronensaft, Olivenöl, Oregano, Salz und Pfeffer legen und 3 Stunden bei Raumtemperatur oder bis zu 2 Tage im Kühlschrank marinieren lassen.

❷ Die Fleischwürfel aus der Marinade nehmen und auf hölzerne oder metallene Spieße reihen. Bei nicht zu starker Hitze etwa 8 Minuten grillen, dabei mehrfach wenden. Auf ein Stück Pittabrot legen und mit Petersilie, Oliven und Zitrone garniert sofort servieren.

▲ *Gegrillter Halloumi*

Les Légumes Grillés

Gegrilltes Gemüse vom Mittelmeer auf provenzalische Art

Dieses Gericht habe ich zum ersten Mal am Fest von St. Laurent, dem Schutzpatron der Grillfeste, gegessen. Man serviert es, weil der Heilige auf dem Scheiterhaufen starb.

Für 4 Personen

- 3 Zucchini, in etwa 5 mm dicke Scheiben geschnitten
- 1 rote, 1 gelbe und 1 grüne Paprikaschote, jeweils in breite Streifen geschnitten
- 3 EL extra natives Olivenöl
- 5 Knoblauchzehen, gehackt
- Saft von ½ Zitrone oder 1 EL Balsam- bzw. Weißweinessig
- 14–20 Kirschtomaten
- Holzspieße, 30 Minuten in kaltem Wasser eingeweicht
- Salz und frisch gemahlener schwarzer Pfeffer
- 2–3 EL Pesto oder frisches Basilikum, fein gehackt und mit etwas Knoblauch und Olivenöl püriert

Zubereitungszeit: 10–15 Min.

Marinieren: ca. 30 Min.

Kochzeit: 10–15 Min.

❶ Zucchini und Paprika für mindestens 30 Minuten in eine Marinade aus Olivenöl, Knoblauch und Zitronensaft oder Essig einlegen. In der Zwischenzeit die Kirschtomaten auf die Spieße reihen. Zucchini und Paprika aus der Marinade nehmen, die Marinade zur späteren Verwendung aufbewahren.

❷ Das Gemüse bei nicht allzu starker Hitze grillen, bis es stellenweise braun oder angekohlt und durch und durch gar ist, dann vom Feuer nehmen und wieder in die Marinade geben. Etwas stehen und abkühlen lassen.

❸ Währenddessen die Spieße mit den Kirschtomaten in etwa 5 Minuten von allen Seiten grillen, bis die Tomaten braun zu werden beginnen, dann vom Feuer nehmen.

❹ Das Gemüse mit Salz und Pfeffer würzen und falls gewünscht in mundgerechte Stücke zerteilen. Die Marinade mit dem Pesto mischen und darüber gießen. Mit zusätzlichem Olivenöl servieren.

Gegrillter Fisch

Alle kleinen Fischsorten lassen sich auf diese Art delikat zubereiten. Dazu passt ein Salat aus Paprika, Fenchel und schwarzen Niçoise-Oliven mit Olivenöl und Zitrone.

Für 4 Personen

- 1,25 kg kleine Fische, gesäubert, aber mit Köpfen und Schwänzen
- 125 ml extra natives Olivenöl
- Salz, Pfeffer und Oregano (nach Belieben)
- 2–3 Knoblauchzehen, durchgepresst
- 1 EL frische Petersilie, gehackt
- Saft von 1 Zitrone

Zubereitungszeit: ca. 10 Min.

Kochzeit: 5–10 Min.

❶ Die Fische mit Olivenöl einpinseln; mit Salz, Pfeffer und Oregano bestreuen. Auf dem Feuer von beiden Seiten je etwa 3 Minuten braten, dann herunternehmen.

❷ Den Knoblauch mit Petersilie und Zitronensaft vermischen und das restliche Olivenöl hineinrühren. Die Fische auf einer Servierplatte anordnen und das gewürzte Olivenöl darüber gießen, dann sofort servieren.

▲ *Gegrilltes Gemüse*

Samak Meschwi bi Tahini

Gegrillter Schwertfisch nach Art des Nahen Ostens mit Lorbeerblättern und Sesamsauce

Für 4 Personen
- 1–1,25 kg Schwertfischfilet, gewürfelt
- 1 Zwiebel, gerieben
- 8 Knoblauchzehen, gehackt
- Saft von 2 Zitronen
- 125 ml extra natives Olivenöl
- einige Lorbeerblätter
- Salz und frisch gemahlener schwarzer Pfeffer

Sesamsauce (Tahini)
- 175 g Tahin (Sesammus)
- 2 Knoblauchzehen, gehackt
- einige Spritzer Tabasco
- ½ TL Kreuzkümmel, gemahlen
- Salz und frisch gemahlener schwarzer Pfeffer
- Saft von 1 Zitrone
- 2 EL extra natives Olivenöl
- ein paar Zweige frischer Oregano
- Zitronenspalten zum Garnieren

Zubereitungszeit: ca. 20 Min.

Marinieren: mindestens 1 Std.

Kochzeit: 8–10 Min.

Der Schwertfisch ist im Mittelmeerraum sehr beliebt und wird gewöhnlich mit Lorbeerblättern, Zitrone und viel Olivenöl eingelegt und auf Spießen über einem Holzfeuer gegrillt. In der Türkei reicht man dazu eine Walnusssauce, im östlichen Mittelmeerraum hingegen die klassische Sesamsauce auf Tahinbasis. Ein paar Zitronenscheiben und etwas scharfes Harissa dürfen nicht fehlen.

❶ Den Fisch in eine Marinade aus Zwiebel, Knoblauch, Zitronensaft, Olivenöl, Lorbeerblättern, Salz und Pfeffer einlegen und 1 Stunde im Kühlschrank marinieren lassen – besser noch über Nacht.

❷ Abwechselnd Fischstücke und Lorbeerblätter auf Holzspießchen (30 Minuten in kaltem Wasser eingeweicht) oder Metallspieße stecken. (Die Lorbeerblätter aromatisieren den Fisch, werden aber nicht mitgegessen.)

❸ Die Spieße bei mittlerer Hitze etwa 8 Minuten gleichmäßig von allen Seiten grillen. Währenddessen das Tahin mit Knoblauch, Tabasco, Kreuzkümmel, Salz, Pfeffer, Zitronensaft und Öl verrühren. Langsam etwa 125 ml Wasser einrühren, bis eine glatte, dickflüssige Sauce entsteht. Die Sauce nochmals würzen.

❹ Die Fischspieße mit Oregano und Zitronenspalten garnieren und dazu die Sesamsauce reichen.

Aubergine auf arabische Art

mit Granatapfeldressing und Minze

Bei diesem Gericht werden zu gegrillten Auberginenscheiben ein süßsaures Granatapfeldressing, ein grüner Blattsalat und frische, duftende Minze gereicht. Das Ganze ist eine exzellente Beilage zu gegrilltem Geflügel oder Lamm.

Für 4 Personen

- 1 Aubergine
- extra natives Olivenöl
- 5 Knoblauchzehen, gehackt
- 4–5 EL Granatapfelsirup oder -melasse (in arabischen Lebensmittelläden erhältlich)
- 6 EL Balsamessig
- eine Hand voll gemischte Salatblätter
- Salz und schwarzer Pfeffer
- 3 EL frische Minzeblätter, fein gehackt

Zubereitungszeit: ca. 20 Min.

Kochzeit: ca. 20 Min.

❶ Die Aubergine in dünne Scheiben schneiden und mit Olivenöl einpinseln. Die Scheiben grillen, bis sie von beiden Seiten braun und innen weich sind, dann vom Grill nehmen und mit Knoblauch einreiben.

❷ Den Granatapfelsirup mit der gleichen Menge Balsamessig mischen und beiseite stellen. Den Salat mit etwas Olivenöl und dem restlichen Essig anmachen und mit Salz und Pfeffer würzen.

❸ Die gegrillten Auberginenscheiben mit der Mischung aus Granatapfelsirup und Balsamessig beträufeln, mit den frischen Minzeblättern bestreuen und mit dem Salat als Beilage servieren.

Anginares Psites sta Karvouna

Über dem Feuer geröstete Artischocken auf griechische Art

Im Mittelmeerraum legt man Artischocken in Olivenöl und grillt sie über dem offenen Feuer. Auf Sizilien legt man sie sogar nach der Zubereitung des restlichen Essens zwischen die heißen, schwelenden Kohlen, was ihnen ein besonderes Aroma verleiht.

Da Artischocken oft etwas zäh und leicht bitter sind, sollte man sie zunächst blanchieren und den stacheligen Innenteil herauskratzen. Dies ist nicht unbedingt erforderlich, wenn das verwendete Gemüse zart und süß schmeckt und das Heu bereits entfernt ist. Um zu testen, wie die Artischocke schmeckt, kann man vorab ein kleines Stück der rohen Frucht probieren. Man kann ihnen leicht ansehen und es auch fühlen, ob das Heu und die Distelspitzen entfernt werden müssen.

Auf den griechischen Inseln Kythera und Zakynthos werden gegrillte Artischocken mancherorts noch heute auf der Straße verkauft. Die Blätter tunkt man dann in Olivenöl, Zitronensaft und grobes Meersalz.

Für 4 Personen

- 4 mittelgroße Artischocken
- 8 Knoblauchzehen, in Scheiben geschnitten
- 3 EL Zitronensaft
- 75 ml extra natives Olivenöl
- Salz und frisch gemahlener schwarzer Pfeffer
- 2–3 EL gemischte Kräuter, z. B. Petersilie, Oregano, Majoran und Thymian
- grobes Meersalz oder Aioli (s. S. 120) als Beilage

Zubereitungszeit: ca. 1 Std.

Marinieren: mindestens 1 Std.

Kochzeit: 10–15 bzw. 40 Min.

❶ Die Artischocken falls notwendig etwa 15 Minuten blanchieren, bis sie zur Hälfte gar sind, dann herausnehmen und abtropfen lassen. Die Artischocken halbieren und das Heu über den Herzen entfernen, dann in eine Marinade aus Knoblauch, Zitronensaft, Olivenöl, Salz, Pfeffer und Kräutern legen und mindestens 1 Stunde ziehen lassen. Falls die Artischocken nicht blanchiert werden, zieht man einfach die Blätter etwas auseinander und gießt die Marinade darüber, sodass sie sich zwischen den Blättern verteilt.

❷ Die Artischocken aus der Marinade nehmen, abtupfen und von allen Seiten auf dem Grill rösten, bis sie leicht braun werden, dabei ständig mit der aufbewahrten Marinade bepinseln. Blanchierte Artischocken benötigen nur 10 bis 15 Minuten auf dem Grill, rohe hingegen etwa 40 Minuten (die Blätter müssen sich leicht herauslösen lassen).

❸ Die Artischocken mit Olivenöl, Zitronensaft und grobem Salz oder mit einer Schüssel Aioli servieren.

Gemüsegerichte

Ob als Beilage oder Hauptgericht: Olivenöl und Gemüse sind eine ideale Kombination, denn fast jedes Gemüsegericht lässt sich durch einen kräftigen Schuss Olivenöl verfeinern. Die besten Gemüse der Saison, möglichst frisch aus dem Garten, werden gedämpft oder gekocht und mit Olivenöl und einem Hauch Zitrone angemacht. In griechischen Tavernen ist das Tagesgericht normalerweise frisches Gemüse vom Markt oder aus dem Garten, mit Zwiebeln, Knoblauch und vielleicht Tomaten in Olivenöl gekocht. Das Öl nimmt das Aroma des Gemüses auf und wird so zu einer köstlichen Sauce, in die man das Brot tunkt.

Dreierlei Erbsen mit Pistou

Grüne Erbsen, Zuckerschoten (Mangetout) und Pflückerbsen schmecken vorzüglich mit Basilikum. Um einen Kontrast in Farbe, Konsistenz und Geschmack zu erhalten, kann man außerdem eine Hand voll halbierte gelbe Minizucchini hinzufügen.

FÜR 4 PERSONEN

- 225 g Pflückerbsen
- 225 g Zuckerschoten (Mangetout)
- 125 g Erbsen (oder eingefrorene feine Erbsen)
- 1 EL extra natives Olivenöl (vorzugsweise ein leichtes ligurisches Öl)
- 1 Knoblauchzehe, gehackt
- 3 EL Pistou (s. S. 118) oder frisches Basilikum, fein gehackt und mit Olivenöl und Parmesan vermischt
- 1–2 Minizucchini, halbiert (falls gewünscht)

Zubereitungszeit: 5–10 Min.

Kochzeit: 5–10 Min.

❶ Die drei Sorten Erbsen separat dämpfen, bis sie gar sind, aber noch Biss haben. Die Pflückerbsen benötigen 2–4 Minuten, die Zuckerschoten 1–3 Minuten und die feinen Erbsen etwas länger, je nach Frischezustand. (Tiefkühlerbsen müssen nur kurz erhitzt werden.)

❷ Alle drei Erbsensorten mit kaltem Wasser abschrecken: So behalten sie ihre leuchtende Farbe und ihren Biss. Dann in einer Schüssel mit dem Olivenöl, dem gehackten Knoblauch und dem Pistou vermischen. Das Gericht bei Raumtemperatur als Vorspeise, Salat oder als raffinierte Beilage zu gegrilltem Geflügel (besonders gut zu kaltem Geflügel bei einem Mittagessen oder Picknick im Freien) servieren.

Alans gebackene Kartoffeln

Diese Kartoffeln schmecken knusprig und duften, wie sie schmecken: unwiderstehlich! Ein echtes Sonntagsessen, das noch besser schmeckt, wenn man eine Hand voll Lorbeerblätter oder Rosmarinzweige mit in den Ofen gibt.

FÜR 4 PERSONEN

- 1–1,25 kg Kartoffeln mit Schale, in Stücke oder Viertel zerteilt
- Salz (nach Belieben)
- 1 Prise Zucker
- 75 ml extra natives Olivenöl (eventuell mehr; vorzugsweise aus Portugal, der Toskana, Molise oder Griechenland)
- 1 Knoblauchknolle, in Zehen zerteilt und geschält

Zubereitungszeit: 10 Min.

Kochzeit: ca. 1 Std. 30 Min.

❶ Die Kartoffeln in einen Topf geben und mit Wasser bedecken. Salz und Zucker hinzufügen. Aufkochen lassen und die Kartoffeln garen, bis sie noch leicht knackig sind.

❷ Die Kartoffeln gründlich abtropfen lassen und so auf ein Backblech legen, dass sie sich nicht berühren. Dann mit Salz bestreuen und mit Olivenöl beträufeln. Die Knoblauchzehen zwischen die Kartoffeln auf das Blech streuen.

❸ Das Ganze im vorgeheizten Backofen bei 180–200 °C etwa 1 Stunde (eventuell länger) backen, dabei die Kartoffeln ein- oder zweimal wenden, bis sie knusprig und goldbraun und die Knoblauchzehen innen weich und zart sind. Sofort auftragen.

▲ Dreierlei Erbsen mit Pistou

Brokkoli mit Chilidressing

Knoblauch, Chili und Olivenöl

Dieses Gericht schmeckt am besten, wenn man es bei Raumtemperatur als warmen Salat serviert. Notfalls kann es auch mit anderem Kohlgemüse zubereitet werden.

Für 4 Personen

- 675 g Brokkoli (oder eine andere grüne Kohlsorte, z. B. Grünkohl)
- ½ TL Chiliflocken
- 2–3 Knoblauchzehen, gehackt
- 50 ml extra natives Olivenöl (vorzugsweise aus der Toskana)
- Meersalz
- Saft von ¼–½ Zitrone

Zubereitungszeit: 10–15 Min.

Kochzeit: 10–15 Min.

❶ Den Brokkoli oder das andere Gemüse blanchieren oder in einem zugedeckten Topf im eigenen Saft bei geringer Hitze dämpfen, dann aus dem Topf nehmen.

❷ Das Gemüse zusammen mit den Chiliflocken, dem Knoblauch und dem Olivenöl in einen Topf geben und zugedeckt etwa 5 Minuten kochen lassen, dann nach Belieben Salz und frisch gepressten Zitronensaft hinzufügen und das Ganze vor dem Servieren etwas abkühlen lassen.

Gebackenes Wurzelgemüse

Wurzelgemüse schmeckt köstlich, wenn man es in Stücke oder dünne Scheiben schneidet, in Olivenöl taucht und dann von außen knusprig braun backt, während es von innen zart und cremig wird. Außerdem intensiviert das Backen den Geschmack. Karotten und Pastinaken passen besonders gut zu Rinderschmorbraten. Ob man das Gericht abschließend mit Knoblauch würzt, ist Geschmackssache, kann aber nur wärmstens empfohlen werden.

Für 4 Personen

- je 2 Karotten, Pastinaken, Kartoffeln, Steckrüben, Sellerieknollen, Süßkartoffeln (oder jedes andere Wurzelgemüse)
- 2–3 EL extra natives Olivenöl
- Salz und frisch gemahlener schwarzer Pfeffer
- 2–3 Knoblauchzehen, gehackt

Zubereitungszeit: 10 Min.

Kochzeit: ca. 1 Std. 30 Min.

❶ Das Gemüse in Stücke und dünne Scheiben schneiden und kurz blanchieren, dann abtropfen lassen. Das Gemüse in eine Mischung aus Olivenöl, Salz und Pfeffer tauchen und auf ein Backblech legen.

❷ Das Gemüse im vorgeheizten Backofen bei 200 °C etwa 1 Stunde knusprig und braun backen, dabei gelegentlich wenden. Vor dem Servieren mit dem Knoblauch bestreuen.

▲ Brokkoli mit scharfem Chilidressing

Pikant gebackene Kürbishäppchen

Die einfachste und gesündeste Methode, dieses Gemüse zuzubereiten, besteht darin, es mit etwas Olivenöl und Balsamessig zu beträufeln und im Backofen zu garen.

Für 4 Personen

- 1,25 kg Kürbis (Pâtisson- oder Winterkürbis), in kleine Stücke geschnitten
- 3–5 Knoblauchzehen, gehackt
- 3 EL extra natives Olivenöl
- 1 TL Balsamessig
- Meersalz und frisch gemahlener schwarzer Pfeffer (nach Belieben)
- 1 Prise Chilipulver (nach Belieben)
- 1 Prise Oregano oder Salbei (nach Belieben)

Zubereitungszeit: 5–10 Min.

Kochzeit: ca. 1 Std.

❶ Die Kürbisstücke auf ein Backblech legen und mit allen übrigen Zutaten bestreuen bzw. beträufeln.

❷ Das Blech mit Aluminiumfolie abdecken und im vorgeheizten Backofen bei 180 °C etwa 1 Stunde backen, bis das Fruchtfleisch weich ist. Die Alufolie abnehmen und die Kürbishäppchen heiß servieren.

Variation

Reste dieses Gerichts können mit etwas Olivenöl, gehacktem Knoblauch und ein paar Spritzern Zitrone zerstampft und als Salat oder Vorspeise serviert werden.

Lentejs con Chorizo

Linsen mit Chorizo-Wurst

Für dieses deftige und delikate Linsengericht empfehlen sich besonders die französischen Puylinsen, denn sie bleiben beim Kochen fest und werden nicht matschig. Es ist im Nu zubereitet und kann sowohl als Tapa als auch als Beilage serviert werden.

Für 4 Personen

- 150 g frisch gekochte Puylinsen (oder andere dunkle, feste Linsen) oder 175 g getrocknete Puylinsen (mit 3 Lorbeerblättern und mit Wasser bedeckt)
- 3–4 EL extra natives Olivenöl (und etwas Öl zum Beträufeln)
- 3 Knoblauchzehen, gehackt
- 125 ml Tomatensaft
- 3 reife Tomaten, gehackt (gehackte Tomaten aus der Dose werden mit Saft verwendet; dann entfällt der Tomatensaft)
- 75 g spanische Chorizo-Wurst, in kleine Stücke geschnitten
- 2–3 TL frischer Rosmarin, gehackt
- Salz und frisch gemahlener schwarzer Pfeffer

Zubereitungszeit: 15–20 Min.

Kochzeit: 1 Std.

❶ Ungekochte Linsen mit Lorbeerblättern und Wasser in einen Topf geben und aufkochen lassen, dann die Hitze reduzieren und die Linsen köcheln lassen, bis sie gar sind (etwa 30 Minuten). Wenn sie danach noch etwas hart sind, lässt man sie weitere 30 Minuten zugedeckt im heißen Wasser stehen, damit sie aufquellen können.

❷ Olivenöl und Knoblauch in einer großen Pfanne erhitzen, bis sie zu duften beginnen. Die Linsen mit 5 EL des Kochwassers und dem Tomatensaft hineingeben. Das Ganze bei starker Hitze kochen, bis die Flüssigkeit fast ganz verkocht ist, dann Tomaten, Chorizo und Rosmarin dazugeben.

❸ Das Gericht noch ein paar Minuten kochen lassen, dann abschmecken und eventuell mit Salz und Pfeffer nachwürzen. Falls gewünscht mit etwas Olivenöl beträufeln und sofort servieren.

Gratin de Pommes de Terre

Kartoffel-Tomaten-Gratin mit den Aromen der Provence

Im Gegensatz zu vielen anderen Gratins, die man mit Sahne oder Käse zubereitet, werden die Kartoffeln hier mit Tomaten, Olivenöl und gekochten Zwiebeln übereinander geschichtet. Dieses Gratin wird warm serviert, etwa an einem kühlen Sommerabend, und verträgt sich sehr gut mit einem Salat aus Rucola und reifen Oliven oder mit einer Vorspeisenplatte mit Meeresfrüchten.

Wie viele mit Olivenöl zubereitete Speisen serviert man auch diese am besten am darauf folgenden Tag bei Raumtemperatur.

FÜR 4–6 PERSONEN

- 1,25 kg fest kochende Kartoffeln, geschält und halbiert
- 3–4 Zwiebeln, in dünne Ringe geschnitten
- 50–75 ml extra natives Olivenöl
- 8 Knoblauchzehen, gehackt
- Salz und schwarzer Pfeffer
- 450 g Tomaten (frisch oder aus der Dose), grob gewürfelt
- 1 Prise Oregano

Zubereitungszeit: ca. 20 Min.

Kochzeit: ca. 1 Std.

❶ Die Kartoffeln 15 Minuten vorkochen, dann aus dem Wasser nehmen und etwa 15 Minuten abkühlen lassen, bis man sie anfassen kann. Die Hälften in etwa 3 mm dünne Scheiben schneiden.

❷ In der Zwischenzeit die Zwiebeln in ein paar Esslöffeln Olivenöl anbraten, bis sie weich werden. Die Hälfte des Knoblauchs sowie etwas Salz und Pfeffer dazugeben und das Ganze weiterbraten, bis das Gemüse weich und leicht angebräunt ist.

❸ Den Boden einer etwa 35 cm langen Auflaufform mit den Zwiebeln auslegen. Kartoffeln und Tomaten darüber schichten und mit dem restlichen Knoblauch, Olivenöl, Salz und Pfeffer würzen. Mit einer Lage Tomaten abschließen und diese mit Öl beträufeln.

❹ Den Auflauf mit Oregano bestreuen und im vorgeheizten Backofen bei 190–100 °C 20–30 Minuten backen, bis die Oberfläche braun wird und die Kartoffeln vollständig gar sind.

Kartoffelpüree

mit Olivenöl aromatisiert

Das Olivenöl ersetzt die Butter bei diesem cremigen Kartoffelpüree nach Art der Provence, das mittlerweile von Paris bis Kalifornien ein Favorit in den Restaurants ist. Es kann mit und ohne Knoblauch zubereitet werden, denn tatsächlich liegt hier einer der wenigen Fälle vor, in denen man auf Knoblauch verzichten sollte, damit das Aroma des Öls besser zur Geltung kommt.

FÜR 4 PERSONEN

- 1,5 kg mehlig kochende Kartoffeln, geschält und grob zerteilt
- 125 ml Sahne
- 125 ml extra natives Olivenöl (eine möglichst aromatische Sorte)
- Salz und etwas grob gemahlener schwarzer Pfeffer

Zubereitungszeit: ca. 15 Min.

Kochzeit: ca. 15 Min.

❶ Die Kartoffeln in kochendem Salzwasser weich kochen und anschließend gut abtropfen lassen.

❷ Die Kartoffeln gründlich zerstampfen und dabei zuerst die Sahne, dann nach und nach immer so viel Olivenöl dazugeben, dass das Püree das Öl aufnehmen kann, bevor man nachgießt. Das Kartoffelpüree kräftig mit Salz und Pfeffer abschmecken und servieren.

VARIATION

Um dem Püree eine goldene Farbe und ein besonders intensives Aroma zu verleihen, gibt man eine durchgepresste Knoblauchzehe und eine Prise Safranfäden hinzu, die zuvor in heißer Fleisch-, Geflügel- oder Gemüsebrühe aufgelöst wurden. Dazu passen gegrillte Zucchini, geröstete Paprika und Tomaten (s. S. 30).

Piselli e Asparagi

Erbsen und Spargel, mit Tomaten und Safran geschmort

Dieses Gericht ist die perfekte Beilage zu gebratenem Geflügel wie Hähnchen oder Ente. Zusätzlich kann man drei bis vier zarte junge Steckrüben, die zuvor blanchiert und in mundgerechte Stücke geschnitten werden, unter das Gemüse mischen.

Für 4 Personen

- 1 Zwiebel, gehackt
- 5 Knoblauchzehen, gehackt
- 4 EL extra natives Olivenöl
- Salz und schwarzer Pfeffer
- 225–350 g Erbsen
- 400 g reife Tomaten, gewürfelt (oder 1 Dose gehackte Tomaten mit Saft)
- 1 TL frischer Rosmarin, gehackt
- 15–20 grüne Spargelstangen
- eine großzügige Prise Safran, in 1 EL warmem Wasser aufgelöst

Zubereitungszeit: ca. 20 Min.

Kochzeit: 10–15 Min.

❶ Zwiebel und Knoblauch in heißem Olivenöl leicht anbraten und mit Salz und Pfeffer würzen. Die Erbsen dazugeben und unter Rühren ein paar Minuten mitgaren, dann die Tomaten und den Rosmarin hinzufügen und alles etwa 5 Minuten schmoren lassen.

❷ Den Spargel in mundgerechte Stücke zerteilen, zusammen mit dem Safran in die Pfanne geben und das Ganze noch weitere 5 Minuten schmoren lassen. Man kann das Gericht entweder sofort heiß genießen oder auf Raumtemperatur abkühlen lassen und lauwarm servieren.

Gebratener Knollensellerie

Ein recht einfaches Rezept: Streifen von Knollensellerie werden blanchiert, in Olivenöl gebraten und mit Petersilie bestreut – das immer wieder nach »mehr« schmeckt.

Für 4 Personen

- 1 mittelgroße Sellerieknolle
- Saft von ½ Zitrone
- 1 TL Meersalz (nach Belieben mehr oder weniger)
- frisch gemahlener schwarzer Pfeffer
- 115 g Mehl (eventuell mehr)
- 125 ml Olivenöl
- 50 ml extra natives Olivenöl (oder mehr; vorzugsweise aus Griechenland oder Spanien)
- 1 EL frische Petersilie, gehackt
- 1 EL frische Schnittlauchröllchen

Zubereitungszeit: 10–15 Min.

Kochzeit: 10–15 Min.

❶ Die Sellerieknolle sorgfältig schälen und in Streifen in der Form von dünnen Pommes frites oder Streichhölzern schneiden. Diese in eine Schüssel mit kaltem Wasser und dem Zitronensaft legen und vor dem Braten bis zu 1 Stunde beiseite stellen.

❷ Salz und Pfeffer in einem Schälchen mit dem Mehl vermischen. Die Selleriestreifen abgießen, trockentupfen und von allen Seiten gründlich im gewürzten Mehl wenden.

❸ Das Olivenöl in einer Pfanne bis fast zum Siedepunkt erhitzen und die panierten Selleriestreifen darin portionsweise von allen Seiten goldbraun braten. Den Sellerie herausnehmen, auf Küchenpapier abtropfen lassen, mit frischer Petersilie und Schnittlauchröllchen bestreuen und sofort servieren.

▲ *Erbsen und Spargel*

La Bohémienne

Auberginenauflauf

Übereinander geschichtete Auberginenscheiben, die in Tomaten und Olivenöl zart gebacken werden, sind ein Markenzeichen der Provence, aber fast überall am Mittelmeer findet man Variationen davon. Diese hier ist klassisch einfach und schmeckt köstlich.

Für 4 Personen

- 2 mittelgroße Auberginen, in dünne Scheiben geschnitten
- Meersalz
- 3 Knoblauchzehen, durchgepresst
- 6 EL extra natives Olivenöl
- 1–1,25 kg frische reife Tomaten, gehackt, oder 800 g gehackte Tomaten aus der Dose, mit Saft
- 1–2 EL Tomatenmark (falls benötigt)
- 1 Prise Zucker
- frisch gemahlener schwarzer Pfeffer und Oregano (nach Belieben)
- 2 EL frische Petersilie, gehackt

Zubereitungszeit: ca. 30 Min.

Kochzeit: ca. 1 Std.

❶ Die Auberginenscheiben von beiden Seiten mit Salz bestreuen und mindestens 30 Minuten stehen lassen, dann gründlich mit kaltem Wasser abspülen und trockentupfen.

❷ Den Knoblauch in ein wenig Olivenöl kurz andünsten, dann die Tomaten hinzufügen und bei starker Hitze etwa 10 Minuten kochen lassen, bis eine dickflüssige Sauce entsteht (falls notwendig mit Tomatenmark eindicken). Die Sauce mit Salz, Pfeffer, Oregano und Zucker abschmecken.

❸ Die Auberginenscheiben im Öl braun braten oder mit dem Öl bepinseln und im Backofen garen, bis sie von außen braun und innen weich sind.

❹ Die gegarten Auberginenscheiben mit der Tomatensauce und Petersilie in einer Auflaufform schichten. Mit einer Auberginenschicht abschließen und diese mit etwas Olivenöl beträufeln. Den Auflauf im vorgeheizten Backofen bei 180 °C 30–40 Minuten backen. Er kann sowohl heiß als auch abgekühlt serviert werden.

Variation

Alternativ kann man das Gericht auch in einer großen Bratpfanne zubereiten und dabei etwa 350 g gekochte, abgetropfte Kichererbsen hinzufügen, sobald die Auberginen weich geschmort sind. Die Kichererbsen in der Tomatensauce erhitzen und das Gericht heiß oder bei Raumtemperatur servieren.

▲ *Auberginenauflauf*

Tourlou

Zucchiniauflauf mit Tomaten und Fetakruste

FÜR 4 PERSONEN
- 1 Zwiebel, gehackt
- 2–3 EL extra natives Olivenöl (vorzugsweise aus Griechenland)
- 900 g Zucchini oder Sommerkürbis, in mundgerechte Stücke zerteilt
- 3–5 Knoblauchzehen, grob gehackt
- 400 g Tomaten, gewürfelt
- 1–2 EL Tomatenmark (falls benötigt)
- Salz und frisch gemahlener schwarzer Pfeffer
- 1 Prise Zucker
- ¼ TL Oregano (nach Belieben mehr)
- 4 Eier, leicht verquirlt
- 75 ml Milch
- 225 g Feta, gewürfelt (mit den Krümeln)
- frisch geriebene Muskatnuss (nach Belieben)

Zubereitungszeit: 15–20 Min.

Kochzeit: ca. 1 Std.

Gemüseaufläufe aus Auberginen, Paprika, Tomaten, Zucchini oder Kürbissen sind in Griechenland vor allem im Sommer sehr beliebt. Für das folgende Grundrezept mit Tomaten und der souffléartigen Fetakruste lässt sich auch jedes andere Sommergemüse verwenden, besonders die Aubergine. Es kann sowohl warm als auch kalt angeboten werden.

❶ Die Zwiebel im Olivenöl anbraten, bis sie weich wird, dann Zucchini oder Kürbis sowie die Hälfte des Knoblauchs dazugeben und unter Rühren kurz mitbraten. Die Tomaten hinzufügen und alles etwa 10 Minuten köcheln lassen, bis die Flüssigkeit zur Sauce eingekocht ist (eventuell mit Tomatenmark eindicken), dann mit Salz, Pfeffer, Zucker und dem Oregano würzen und in eine große Auflaufform gießen (sie sollte nur etwa zur Hälfte gefüllt sein).

❷ Die Eier mit Milch, Feta und dem restlichen Knoblauch mischen, nach Belieben mit Muskat und Pfeffer würzen und über das Gemüse in der Form gießen.

❸ Den Auflauf ohne Deckel im vorgeheizten Backofen bei 190 °C etwa 30 Minuten backen, bis er etwas aufgegangen ist und die Oberfläche eine goldbraune Farbe angenommen hat.

❹ Der Auflauf kann je nach Geschmack warm oder kalt serviert werden.

Fisch, Fleisch und Geflügel

Zum Schmoren, Braten oder Grillen von Fisch, Fleisch oder Geflügel gibt es kein besseres Mittel als ein feines, aromatisches Olivenöl: Es verleiht den Gerichten mehr Geschmack und Charakter als andere Öle und besitzt nicht die Schwere von Butter.

Hut B'Camoun

mit Kreuzkümmel gebackener Fisch auf marokkanische Art

Die würzige Mischung aus Kreuzkümmel, Koriander und Knoblauch, in Olivenöl gebunden, gibt Fischgerichten wie dem folgenden einen köstlichen Geschmack.

Für 4 Personen

- 1 ganzer Fisch, z. B. Rotbarsch oder Schnappbarsch (etwa 1,5 kg), ausgenommen, aber mit Kopf und Schwanz
- 1 EL grobes Meersalz
- 1 Zitrone, halbiert (eine Hälfte wird ausgepresst, die andere zum Garnieren in Spalten geschnitten)
- 125 ml extra natives Olivenöl
- 3 EL Kreuzkümmel, gemahlen
- 2 EL Paprikapulver
- 4 EL frischer Koriander, gehackt
- 5 Knoblauchzehen, gehackt
- frisch gemahlener schwarzer Pfeffer

Zubereitungszeit: ca. 20 Min.

Kochzeit: ca. 40 Min.

❶ Den Backofen auf 200 °C vorheizen. Den Fisch waschen und an der Außenhaut mit einem Messer kleine Einschnitte anbringen. Die Einschnitte und die Innenseite mit der Hälfte des Salzes und Zitronensaft einreiben. Den Fisch 15–25 Minuten stehen lassen, dann mit kaltem Wasser abspülen und trockentupfen.

❷ Olivenöl, die übrigen Gewürze, Knoblauch, Pfeffer und restliches Salz zu einer Paste verrühren und den Fisch von innen und außen damit bestreichen.

❸ Den Fisch in Backpapaier gewickelt auf ein Backblech legen und 30–40 Minuten im Ofen backen. Nicht zu lange garen!

❹ Den Fisch heiß servieren und dazu Zitronenspalten und einen Krug Olivenöl reichen.

Karavithes Atmou

Gedämpfte Langustinos

Griechische Langustinos sind ein besonderer Genuss: Wenn sie in einer Hafentaverne angeboten werden, sollte man zugreifen. Sie werden über dem offenen Feuer gekocht oder leicht gedämpft und benötigen außer etwas Zitronensaft und reichlich Olivenöl keine weitere Beigabe.

Für 4 Personen

- 675 g frische Langustinos oder Hummerkrabben in der Schale
- 125 ml extra natives Olivenöl (vorzugsweise aus Griechenland)
- Saft von 2 Zitronen
- Salz (nach Belieben)
- 1 Bund glatte Petersilie, gehackt

Zubereitungszeit: ca. 5–10 Min.

Kochzeit: 5–10 Min.

❶ Die Langustinos oder Hummerkrabben in einen Dampfkochtopf legen und garen (Langustinos benötigen etwa 10 Minuten, Hummerkrabben etwa 5 Minuten).

❷ Das Olivenöl mit dem Zitronensaft vermischen, dann Salz und Petersilie hineinrühren. Diese Sauce zu den Meeresfrüchten reichen (oder etwas davon darüber geben und den Rest zum Dippen bereitstellen). Langustinos und Sauce heiß und mit einer Schüssel für die Schalen servieren.

▲ Hut B'Camoun

Gebratene Hähnchenbrust

mit Paprika, Tomaten und gegrilltem Spargel

Eine leichte Olivenölmarinade hält das Geflügelfleisch zart und saftig und verleiht ihm auf einfachste Weise ein original mediterranes Aroma.

Für 4 Personen

- 4 Hähnchenbrustfilets (ohne Knochen)
- 3–4 EL extra natives Olivenöl
- 1 TL Balsamessig
- Salz, Pfeffer und nach Belieben Kräuter der Provence, ein Sträußchen gemischte Kräuter oder Thymian
- 5 Knoblauchzehen, gehackt
- 1 Bund dünner weißer Spargel, geschält
- 1 EL Weißwein
- 2 rote Paprikaschoten, geröstet und geschält
- 4 kleine reife Tomaten, quer halbiert

Zubereitungszeit: ca. 20 Min.

Kochzeit: 15–20 Min.

❶ Die Filets in einer Mischung aus 2 EL Olivenöl, Balsamessig, Salz, Pfeffer, Kräutern der Provence und einem Drittel des Knoblauchs wenden und darin marinieren lassen.

❷ Inzwischen den Spargel mit 1 EL Olivenöl, Wein, Salz, Pfeffer, Kräutern der Provence und einem Drittel des Knoblauchs vermischen und auf ein Backblech legen.

❸ Die Hähnchenbrustfilets in einer dickbödigen Pfanne bei starker Hitze von beiden Seiten scharf anbraten, dann die Hitze reduzieren. Paprika und Tomaten hinzufügen und ebenfalls rasch anbraten, aber nicht zerkochen. Die Pfanne vom Herd nehmen.

❹ In der Zwischenzeit den Spargel im Backofen grillen, bis er leicht angebräunt und knusprig, aber noch zart ist; dabei mehrfach wenden.

❺ Das Hähnchenfleisch mit Paprika, Tomaten und Spargel anrichten und mit dem restlichen Olivenöl und Knoblauch beträufelt servieren.

Tajine Msir Zeetoon

Hähnchen auf marokkanische Art mit Zitronen und dreierlei Oliven

Der raffinierte Geschmack dieses Gerichts entsteht dadurch, dass der Zitronensaft das Hähnchen durchdringt, während die Oliven für die pikante Note sorgen. Es bereitet wenig Arbeit, da es die meiste Zeit im Ofen schmort, und gelingt immer.

FÜR 4 PERSONEN

- 1 Hähnchen, in Stücke zerteilt
- 1 EL Kreuzkümmel, gemahlen
- 2 TL Paprikapulver
- ½–1 TL Ingwer, gemahlen
- ½–1 TL Kurkuma
- 5 Knoblauchzehen, gehackt
- mehrere Hand voll frischer Koriander, gehackt
- Saft von 2 Zitronen
- schwarzer Pfeffer und Cayennepfeffer (nach Belieben)
- 3–5 EL Mehl
- 4 Tomaten, gehackt (frisch oder aus der Dose)
- je 10–15 Oliven von 3 ausgewählten Sorten, z. B. grüne Oliven, schwarze Oliven, Kalamata-Oliven, in Salz oder Öl eingelegte Oliven usw. (s. S. 22), alle Oliven abgetropft
- 1 Zitrone, in 6 Spalten zerteilt
- 50 ml extra natives Olivenöl
- 250 ml Hühnerbrühe
- zusätzlich Zitronensaft nach Belieben

Zubereitungszeit: ca. 40 Min.

Kochzeit: ca. 1 Std.

❶ Das Hähnchenfleisch mit einer Mischung aus Kreuzkümmel, Paprikapulver, Ingwer, Kurkuma, Knoblauch, Koriander, Zitronensaft und Pfeffer überziehen. Die Stücke nebeneinander in eine feuerfeste Form legen und etwa 30 Minuten durchziehen lassen, dann das Mehl hinzufügen und die Fleischstücke darin wenden.

❷ Den Backofen auf 160 °C vorheizen. Die gehackten Tomaten zusammen mit den Oliven und den Zitronenspalten in die Form geben und das Ganze mit dem Olivenöl und der Brühe übergießen. Das Gericht in den Ofen geben und ohne Deckel etwa 1 Stunde backen, bis das Hähnchenfleisch gar ist.

▲ Garnelenspieße mit gebratenen Tomaten

Garnelenspieße

mit gebratenen Tomaten

Bei so wenigen Grundzutaten kommt es auf die Qualität jedes einzelnen Bestandteils an; insbesondere das Olivenöl und die Tomaten sollten sehr aromatisch sein.

Man kann die Spieße natürlich auch auf dem Grill rösten. In diesem Fall bereitet man die gebratenen Tomaten am Vortag zu: Das ist nicht nur praktisch, sondern sie schmecken auch am besten, wenn man sie einen Tag stehen lässt.

Für 4 Personen

- 8–12 reife aromatische, kleine oder mittelgroße Tomaten
- 1 Prise Zucker
- 1 Prise Salz
- 40–50 Garnelen oder Hummerkrabben in der Schale (Köpfe und Schwänze können bereits vorab entfernt werden)
- 75–125 ml extra natives Olivenöl
- 2 TL Balsamessig
- 3 Knoblauchzehen, gehackt (nach Belieben mehr oder weniger)
- Salz und frisch gemahlener schwarzer Pfeffer
- 2–3 EL frische Basilikumblätter, in dünne Streifen geschnitten oder zerpflückt
- Zitronenspalten zum Garnieren

Zubereitungszeit: ca. 30 Min.

Marinieren: mindestens 30 Min.

Kochzeit: ca. 1 Std.

❶ Die Tomaten in eine Grillpfanne (vorzugsweise aus Keramik) legen. Im Backofen bei 190 °C ohne Deckel 20–30 Minuten backen, bis die Haut an einigen Stellen aufplatzt und das Fruchtfleisch freiliegt. Dann mit je einer Prise Zucker und Salz bestreuen und für weitere 15–25 Minuten in den Backofen geben.

❷ Die Tomaten aus dem Ofen nehmen und abkühlen lassen, am besten über Nacht: So läuft der Saft heraus und wird dickflüssig.

❸ Die Tomatenhäute abziehen und den aromatischen Saft herauspressen. Die geschälten Tomaten mit dem Saft übergießen, anschließend in Hälften oder Viertel zerteilen.

❹ Die Garnelen oder Hummerkrabben in eine unbeschichtete Schüssel geben, mit einer Mischung aus mehreren Esslöffeln Olivenöl, Balsamessig und der Hälfte des Knoblauchs übergießen und darin mindestens 30 Minuten marinieren lassen. In der Zwischenzeit 8–12 Holzspießchen in kaltem Wasser einweichen (oder Metallspieße verwenden).

❺ Auf jedes Spießchen 5–6 Garnelen reihen. Die Marinade zur späteren Verwendung beiseite stellen.

❻ Das restliche Olivenöl in einer Pfanne erhitzen und die Garnelenspieße darin von beiden Seiten kurz anbraten (wenige Minuten sollten genügen, aber die Bratzeit ist von der Größe der Garnelen abhängig). Die Spieße auf eine Platte legen und warm stellen.

❼ Die Tomaten in die Pfanne geben und kurz erhitzen, dann mit den Spießen auf der Platte anordnen und beides mit dem restlichen Knoblauch bestreuen. Die Marinade in die Pfanne gießen, aufkochen lassen und die Garnelenspieße und Tomaten damit übergießen. Das Ganze mit Salz und Pfeffer würzen, mit dem Basilikum bestreuen und mit den Zitronenspalten garniert sofort auftragen.

Thunfisch auf karibische Art

Dieses Rezept beweist, wie man schon mit sehr wenig feinem Olivenöl ein wunderbar volles Aroma erzielen kann. Dazu serviert man in Olivenöl geröstete Süßkartoffeln.

Für 4 Personen

- 4 Thunfischsteaks (je etwa 175 g)
- 3 Knoblauchzehen, gehackt
- ½ TL Salz
- ½ TL Kreuzkümmel, gemahlen
- Saft von 2 Limetten oder von 1 Orange und 1 Limette
- schwarzer Pfeffer und Cayennepfeffer (nach Belieben)
- 2 EL extra natives Olivenöl
- Mojo-Sauce (s. S. 121)

Zubereitungszeit: ca. 10 Min.

Marinieren: ca. 30 Min.

Kochzeit: 5–10 Min.

❶ Den Thunfisch in eine Schüssel legen und mit einer Mischung aus Knoblauch, Salz, Kreuzkümmel, Limettensaft, schwarzem Pfeffer und Cayennepfeffer übergießen. Den Fisch in dieser Marinade etwa 30 Minuten ziehen lassen, dann herausnehmen.

❷ Die Thunfischsteaks mit dem Olivenöl bepinseln und in der Bratpfanne oder auf dem heißen Grill rasch anbraten bzw. grillen, von jeder Seite nur etwa 1–2 Minuten. Die heißen Thunfischsteaks mit etwas Mojo-Sauce übergießen und sofort servieren.

Gedünsteter Mittelmeerfisch

Aus dem übrig gebliebenen Kochsaft dieses Gerichts kann man eine delikate Brühe machen, wenn man ihn mit verquirlten rohen Eiern und Zitrone andickt.

Für 4 Personen

- 1 große Zwiebel, gehackt
- 2 EL frische Petersilie, gehackt
- 1 Lorbeerblatt
- ein paar Thymianzweige
- 1 Prise Gewürznelkenpulver
- Salz und frisch gemahlener schwarzer Pfeffer
- 250 ml trockener Weißwein
- 250 ml Fischfond
- 450 g kleine, neue Kartoffeln, geschält
- 1,25 kg ausgewählter Kochfisch
- 125 ml extra natives Olivenöl
- Saft von 1 Zitrone

Zubereitungszeit: ca. 30 Min.

Kochzeit: ca. 1 Std.

❶ Die Zwiebel, die Hälfte der Petersilie, die übrigen Zutaten sowie Fischfond und 250 ml Wasser in einen Topf geben und zum Kochen bringen. Die Hitze reduzieren und etwa 30 Minuten köcheln lassen, dann durchseihen.

❷ Die Kartoffeln mit der Hälfte der durchgesiebten Brühe in einen Topf geben und aufkochen, dann die Hitze reduzieren und die Kartoffeln etwa 15 Minuten köcheln lassen, bis sie gar sind.

❸ In der Zwischenzeit den Fisch mit der anderen Hälfte der Brühe in einen Topf geben und bei niedriger bis mittlerer Hitze zum Köcheln bringen. Den Topf vom Herd nehmen, kurz bevor die Flüssigkeit zu sieden beginnt. Etwa 10 Minuten stehen lassen, sodass der Fisch in der Brühe nachgaren kann.

❹ Fisch und Kartoffeln abtropfen lassen (die Kochflüssigkeiten können als Suppe verwertet werden), auf einer Platte anrichten und mit Olivenöl und Zitronensaft beträufeln. Mit der restlichen Petersilie bestreuen und servieren.

▲ *Thunfisch auf karibische Art*

Lotte in Orangensauce

mit Estragon, Knoblauch, Lorbeerblättern und einem Schuss Weinbrand

Diese Kombination von Aromen eignet sich auch für viele andere Gerichte, besonders solche mit Schwein, Geflügel oder Schalentieren. Anstelle der Lotte kann man Jakobsmuscheln und Krabben verwenden oder alle drei Zutaten mischen.

FÜR 4 PERSONEN
- 675 g Lottenfilets
- 225 g Krabben (mit oder ohne Schale)
- 1–2 TL frische Estragonblätter
- 4–6 Lorbeerblätter, halbiert
- 10 Knoblauchzehen, grob gehackt
- 250 ml trockener Weißwein
- 250 ml Orangensaft
- geriebene Schale von ½ unbehandelten Orange
- Salz und frisch gemahlener schwarzer Pfeffer
- 50–75 ml extra natives Olivenöl
- 2 EL Weinbrand
- 1 EL frische Petersilie, gehackt

Zubereitungszeit: ca. 20 Min.

Marinieren: 1–3 Std.

Kochzeit: ca. 10–15 Min.

❶ Den Fisch und die Krabben in eine Schüssel legen. Mit einer Mischung aus Estragon, Lorbeerblättern, Knoblauch, Wein, Orangensaft und -schale, Salz und Pfeffer übergießen und in dieser Marinade mindestens 1 Stunde (oder bis zu 3 Stunden im Kühlschrank) ziehen lassen.

❷ Fisch und Krabben aus der Marinade nehmen und trockentupfen. Die Marinade aufbewahren.

❸ Das Olivenöl in einer (nach Möglichkeit beschichteten) großen Pfanne stark erhitzen. Den Fisch und die Krabben hineingeben und von einer Seite anbraten, bis sie Farbe bekommen, dann wenden und mit der anderen Seite ebenso verfahren. (Da Fisch und Krabben saftig bleiben sollen, erfordert der gesamte Vorgang nur wenige Minuten.) Den Weinbrand dazugießen, der sich sofort entzündet (Vorsicht mit Gesicht und Händen!). Fisch und Krabben aus der Pfanne nehmen, sobald die Flammen löschen.

❹ Die Marinade in die Pfanne geben und 5–8 Minuten einkochen lassen, bis eine fast dickflüssige, aromatische Sauce entsteht. Dann Fisch und Krabben samt Kochsaft nochmals kurz hineingeben und in der Sauce erwärmen. Die Lorbeerblätter entfernen. Das Gericht mit der Sauce anrichten und mit frischer Petersilie bestreut servieren.

Picadillo

Picadillo ist eine aus Lateinamerika stammende Mischung aus gebratenem Hackfleisch und weiteren süß-scharf gewürzten Zutaten, die in Weizenmehltortillas eingerollt oder in einer Blätterteighülle gebacken wird. Man kann sie auch in mehrere kleine Pasteten oder in große grüne Chilischoten füllen, die zuvor gegrillt werden.

Das Besondere an Picadillo sind die süßen Rosinen, die knackigen Nüsse und die salzigen Oliven, denen eine großzügige Prise Zimt und Zucker beigefügt wird.

FÜR 4 PERSONEN
- 1 Zwiebel, gehackt
- 3 Knoblauchzehen, gehackt
- 2 EL extra natives Olivenöl
- 450 g mageres Rinderhackfleisch
- ¼ TL Zimt
- ¼ TL Kreuzkümmel, gemahlen
- ¼ TL Cayennepfeffer
- 1 Prise Gewürznelkenpulver
- 4 gehäufte EL Rosinen
- 4 EL geröstete Mandeln oder Cashewnüsse
- 75 ml Sherry oder trockener Rotwein
- 2–3 reife Tomaten, gewürfelt
- 10–15 grüne Oliven mit Paprikafüllung, in Scheiben oder halbiert
- 2 EL Tomatenmark
- 1–2 EL Zucker (oder nach Belieben)
- 1–2 EL Rotwein- oder Sherryessig
- 2 EL frischer Koriander, gehackt

Zubereitungszeit: ca. 20 Min.

Kochzeit: ca. 30 Min.

❶ Zwiebel und Knoblauch im Olivenöl anbraten, bis sie weich werden. Das Hackfleisch dazugeben und braun werden lassen, dabei mit Zimt, Kreuzkümmel, Cayennepfeffer und Nelkenpulver würzen.

❷ Rosinen, Mandeln oder Cashewnüsse und Sherry oder Rotwein hinzufügen und zum Kochen bringen. Das Ganze kochen lassen, bis die Flüssigkeit fast ganz verkocht ist, dann Tomaten, Oliven, Tomatenmark, Zucker und Essig hinzufügen und alles weiterkochen, bis eine dickflüssige, aromatische Sauce entsteht.

❸ Den Koriander einrühren und das Gericht auf die gewünschte Weise servieren oder weiterverarbeiten.

Gigot à l'Ail aux Olives

Lammkeule auf französische Art mit ganzen Knoblauchzehen und Oliven

Der Gedanke an eine mit Knoblauch und Oliven im Backofen zubereitete Lammkeule kann einem schon das Wasser im Mund zusammenlaufen zu lassen. Wer mag, gibt zusätzlich noch ein paar Artischockenherzen hinzu. Als Beilage dazu bietet sich Aioli (s. S. 120) an.

Für 6 Personen
- 1 Lammkeule (ca. 2 kg)
- frischer oder getrockneter Rosmarin oder Thymian (Menge nach Belieben)
- 8 Knoblauchzehen, in sehr dünne Scheiben geschnitten
- 2 Knoblauchknollen, in Zehen zerteilt, aber ungeschält
- 4–6 EL extra natives Olivenöl
- Salz und frisch gemahlener schwarzer Pfeffer
- 250 ml Hühnerbrühe
- 250 ml Rotwein
- mehrere Hand voll ausgewählte aromatische Oliven (grüne oder schwarze)
- 1–2 EL frische Petersilie (oder andere Kräuter, z. B. Majoran), gehackt

Zubereitungszeit: 15–20 Min.

Kochzeit: mindestens 3 Std.

❶ Die Lammkeule von allen Seiten mit Einschnitten versehen und in jeden etwas Rosmarin oder Thymian und 1–2 Scheiben Knoblauch schieben. Das Fleisch in eine Kasserolle legen, mit den Knoblauchzehen umgeben und mit 4 EL Olivenöl beträufeln. Mit dem übrig gebliebenen Knoblauch, Salz und Pfeffer bestreuen.

❷ Das Ganze im vorgeheizten Backofen bei 180 °C ohne Deckel garen, bis das Lamm im Inneren eine zartrosa Farbe angenommen hat. (Ein Fleischthermometer ist hier nützlich: Die Lammkeule sollte eine Innentemperatur von 50 °C erreichen.)

❸ Die Lammkeule aus dem Ofen nehmen und auf einer Platte warm stellen. Das Fett von der Bratensauce abschöpfen und die Sauce mit Brühe und Rotwein vermischen. Die Flüssigkeit erhitzen, bis sie zur Hälfte eingekocht ist. Die Oliven hineingeben und kurz erhitzen.

❹ Die Lammkeule in Scheiben schneiden, zusammen mit den gebackenen Knoblauchzehen und der Olivensauce anrichten und mit frischer Petersilie oder anderen Kräutern bestreut servieren.

▲ *Lammkeule auf französische Art*

Daube Provençal

Rinderschmorbraten mit provenzalischen Aromen und Oliven

Hierfür ist jedes Schmorfleisch von guter Qualität geeignet. Heute nimmt man oft Fleisch aus der Keule, aber Schulter- oder Nackenfleisch ist einfacher zu erhalten.

Durch das Marinieren wird das Fleisch mürbe und aromatisch. Auf diese Weise kann man übrigens auch Lamm zubereiten. Sowohl schwarze als auch grüne Oliven passen zu diesem Gericht und beide verleihen ihm einen individuellen Geschmack.

Für 6 Personen

- 1 Karotte, gehackt
- 2 Lauchstangen, gehackt
- 1 Flasche Rotwein (z. B. Côtes du Rhone oder Côtes de Provence)
- 1 Knoblauchknolle, quer halbiert
- 1,25 kg Schmorbratenfleisch (ohne Knochen), in Stücke zerteilt
- 2 Lorbeerblätter
- 1 TL frischer (oder mehrere Prisen getrockneter) Thymian
- 4–5 EL extra natives Olivenöl
- 1 rote Paprikaschote, gewürfelt
- 1–2 TL Kräuter der Provence oder gemischte Kräuter
- Schale von ¼ unbehandelten Orange, gerieben oder am Stück
- 250 ml Rindfleischbrühe
- 2–3 EL Cognac oder Weinbrand
- 225 g Tomaten (frisch oder aus der Dose), gewürfelt
- 3–5 Knoblauchzehen, gehackt
- 1–2 EL frische Petersilie, gehackt
- je 10–15 schwarze und grüne Oliven (ausgewählte aromatische Exemplare von guter Qualität)

Zubereitungszeit: ca. 30 Min.

Marinieren: mindestens 5 Std.

Kochzeit: 3–4 Std.

❶ Karotte, Lauch, Wein und Knoblauchhälften vermischen und zusammen mit Rindfleisch, Lorbeerblättern und Thymian in eine Schüssel geben. Das Ganze mindestens 5 Stunden, aber besser noch 1–2 Nächte im Kühlschrank marinieren lassen.

❷ Das Fleisch aus der Marinade nehmen, in ein Sieb geben und etwas stehen lassen, damit die Flüssigkeit abtropfen kann. Dann mit Küchenpapier trockentupfen.

❸ Das Gemüse aus der Marinade in ein Sieb geben und abspülen. Die Marinade durchseihen und den trüben Bodensatz aus der Schüssel entfernen.

❹ Ein paar Esslöffel Olivenöl in einer feuerfesten Kasserolle erhitzen. Karotte, Lauch und Knoblauch darin kurz anbraten und herausnehmen. Das Fleisch und die Paprikawürfel portionsweise in der Kasserolle anbräunen, dabei eventuell Öl nachgießen.

❺ Das angebratene Fleisch und Gemüse in der Kasserolle schichten und die durchgeseihte Marinade, Kräuter der Provence, Orangenschale, Brühe, Cognac oder Weinbrand und Tomaten hinzufügen. Das Ganze zum Kochen bringen, dann zudecken und bei sehr geringer Hitzezufuhr (oder im vorgeheizten Backofen bei 160 °C) 3 bis 4 Stunden schmoren lassen, bis das Fleisch vollständig gar ist.

❻ Den Schmorsaft vorsichtig in einen Saucentopf füllen, das Fett abschöpfen und in etwa 15 Minuten zu einer aromatischen Sauce einkochen.

❼ Die Sauce mit Gewürzen abschmecken und wieder zum Fleisch geben. Knoblauch, Petersilie und Oliven hinzufügen und alles kurz erhitzen, dann sofort servieren. (Wie die meisten Gerichte dieser Art schmeckt auch dieses am nächsten Tag noch besser.)

Nudel- und Getreidegerichte

Nudeln und Olivenöl ergeben für sich genommen eigentlich schon ein komplettes Gericht. Auf dieser guten Grundlage lassen sich mit einer Vielzahl verschiedener Zutaten köstliche und gesunde Mahlzeiten zubereiten. Aber auch Reis und Bulgurweizen harmonieren ausgezeichnet mit Olivenöl.

Nudeln mit Zucchini,

Ricotta und Walnüssen

Diese Spezialität aus Ligurien profitiert von dem harmonischen Zusammenspiel von knackigen Nüssen, mildem Ricottakäse und dem weichen Aroma des Olivenöls.

FÜR 4 PERSONEN

- 450 g Pappardelle
- 4–6 Zucchini, in dünne Scheiben geschnitten
- 4–6 Knoblauchzehen, gehackt
- 4 EL extra natives Olivenöl
- 225 g Ricotta, zerkrümelt
- 175 g geriebener Hartkäse (z. B. Asiago oder Romano)
- 25 g Walnusskerne, grob gehackt
- 1–2 TL frische Thymianblätter

Zubereitungszeit: 5–10 Min.

Kochzeit: ca. 5–10 Min.

❶ Die Nudeln etwa 5 Minuten in kochendem Wasser garen, die Zucchini dazugeben und beides »al dente« (bissfest) kochen, dann abgießen.

❷ Die gekochten und abgetropften Nudeln und Zucchini mit Knoblauch, Olivenöl, Ricotta, geriebenem Käse, Walnüssen und Thymian vermengen und sofort servieren.

Reisnudelpfanne

mit Olivenöl, roten Chilis, Rosmarin und Zitrone

Auf der Basis von Reisnudeln oder Vermicelli und Zitronensaft entstehen sehr delikate Gerichte. Mit folgendem »westöstlichen« Rezept lässt sich aus gekochten Reisnudeln vom Vortag, frischem Rosmarin und Zitrone schnell eine leckere Mahlzeit zubereiten.

FÜR 4 PERSONEN

- 225 g Reisnudeln oder Vermicelli
- 3–4 Knoblauchzehen, gehackt
- ½ frische rote Chilischote, grob gehackt
- 3–4 EL extra natives Olivenöl
- 1 EL frischer Rosmarin, gehackt
- Salz (nach Belieben)
- Saft von 1 Zitrone und ein paar Zitronenspalten zum Garnieren
- zusätzliches Olivenöl und gehackter roter Chili zum Garnieren

Zubereitungszeit: ca. 5–10 Min.

Kochzeit: ca. 5–10 Min.

❶ Die Reisnudeln oder Vermicelli gemäß Packungsanweisung zubereiten (manche Sorten werden gekocht, andere nur in heißem Wasser eingeweicht) und abgießen.

❷ Knoblauch und Chili in einer Pfanne in heißem Olivenöl 1–2 Minuten anbraten, aber nicht braun werden lassen. Rosmarin, Reisnudeln oder Vermicelli, etwas Salz und Zitronensaft hinzufügen und mitbraten, bis die Teigwaren gründlich erhitzt sind. Die Pfanne vom Herd nehmen, das Gericht mit etwas Olivenöl beträufeln und mit Zitronenspalten und Chili garniert servieren.

▲ Nudeln mit Zucchini, Ricotta und Walnüssen

Spaghetti mit Brokkoli

und Pistou

Hierfür wird Brokkoli mit Knoblauch, Tomaten und Olivenöl gekocht, mit Spaghetti vermischt und mit einer kräftigen Portion Pistou gewürzt. Auch dieses Gericht stammt aus der italienischen Küstenregion Ligurien.

FÜR 4 PERSONEN
- 1 Kopf Brokkoli, in mundgerechte Stücke und Röschen zerteilt
- 3–4 Knoblauchzehen, gehackt
- 4–5 EL extra natives Olivenöl
- 1 Prise zerkrümelte Chilischote oder Chiliflocken
- 400 g Tomaten mit Saft (frisch oder aus der Dose)
- 1 EL Tomatenmark (nur wenn frische Tomaten verwendet werden)
- Meersalz (nach Belieben)
- 350 g Spaghetti
- 3–5 EL Pistou (s. S. 118)

Zubereitungszeit: ca. 10–15 Min.

Kochzeit: ca. 10–15 Min.

❶ Den Brokkoli kurz blanchieren, sodass er noch knackig ist, dann abgießen und mit Knoblauch, Olivenöl und Chili in einen Topf geben. Bei mittlerer Hitze 1–2 Minuten kochen, dann Tomaten, Tomatenmark und Salz hinzufügen und bei starker Hitze ein paar Minuten kochen.

❷ Die Spaghetti »al dente« kochen, abgießen und mit dem Brokkoli und der Tomatensauce mischen. Jede Portion mit einem großen Löffel Pistou servieren.

Linguini mit Olivensauce,

Knoblauch, Ziegenkäse und Kräutern

Die simple Kombination von Olivenöl, Knoblauch, Kräutern und Ziegenkäse ergibt eine der köstlichsten Pastasaucen, die man sich vorstellen kann. Und außerdem benötigt man für die Zubereitung dieses Gerichts gerade mal 10 Minuten!

FÜR 4 PERSONEN
- 3–5 Knoblauchzehen, durchgepresst oder fein gehackt
- 5–7 EL extra natives Olivenöl
- 30–40 schwarze Oliven, entsteint und grob gehackt (oder 3–4 EL Paste aus schwarzen Oliven (Olivada oder Tapenade)
- 100–125 g Ziegenkäse, zerkrümelt
- 4–5 TL gemischte frische Kräuter, z. B. Petersilie, Thymian, Majoran und Basilikum
- 350 g Linguini (oder eine andere lange, dünne Nudelsorte)

Zubereitungszeit: ca. 5 Min.

Kochzeit: 5 Min.

❶ Den Knoblauch mit Olivenöl, Oliven, Ziegenkäse und den gemischten Kräutern zu einer Sauce verarbeiten und beiseite stellen.

❷ Die Linguini »al dente« kochen, dann abgießen, gründlich mit der Olivensauce vermengen und sofort servieren.

▲ *Spaghetti mit Brokkoli und Pistou*

Nudeln mit rohen Tomaten,

Basilikum und Ziegenkäse

Die klassische Kombination aus heißen Nudeln und rohen Tomaten, angereichert mit Olivenöl, Basilikum, Knoblauch und Ziegenkäsestückchen, ergibt ein frisches und pikantes Traditionsgericht, das im Süden Italiens zu Hause ist: in Neapel.

FÜR 4 PERSONEN

- 10 reife, saftige Tomaten, gewürfelt
- Salz
- 1 TL Balsamessig
- 3 Knoblauchzehen, gehackt
- 4–6 EL extra natives Olivenöl
- mehrere Hand voll frisches Basilikum, grob zerpflückt
- 1 TL Chiliflocken (falls gewünscht)
- 350 g Nudeln (z. B. Rigatoni)
- 225 g Ziegenkäse, zerkrümelt
- frisch gemahlener schwarzer Pfeffer

Zubereitungszeit: ca. 10 Min.

Marinieren: mindestens 30 Min.

Kochzeit: 10 Min.

❶ Die Tomatenwürfel in eine Mischung aus mehreren Prisen Salz, Balsamessig, Knoblauch, 4 EL Olivenöl, Basilikum und (falls gewünscht) Chiliflocken geben und in dieser Marinade mindestens 30 Minuten ziehen lassen, aber besser noch mehrere Stunden im Kühlschrank.

❷ Wenn die Sauce servierbereit ist, die Nudeln »al dente« kochen, abgießen und mit dem Ziegenkäse und dem restlichen Olivenöl vermengen. Das Ganze mit der Tomatensauce übergießen, mit schwarzem Pfeffer würzen und sofort servieren.

Pasta con il Tonno Rosso

Spaghetti mit Thunfisch und Tomatensauce

Das Kochen mit saftigen Thunfischstücken ist ein Markenzeichen der italienischen Küche. Thunfisch aus der Dose ist für dieses Rezept sehr gut geeignet (und sogar authentisch), falls jedoch Reste von gegrilltem Thunfisch vorhanden sind, benutzt man diese.

Für 4–6 Personen

- 75 ml extra natives Olivenöl
- 1 Zwiebel, gehackt
- 5 Knoblauchzehen, gehackt
- 1 kg Tomaten, gewürfelt (oder 2 Dosen à 400 g mit Saft)
- 2 EL Tomatenmark (falls benötigt)
- Salz und frisch gemahlener schwarzer Pfeffer
- 1 Prise Zucker (falls gewünscht)
- 1 Prise Oregano und/oder Majoran
- 1 Dose Thunfisch (etwa 185 g), abgetropft
- 450 g Spaghetti
- 3 EL frische Petersilie, gehackt
- 3 EL Kapern (vorzugsweise mit Salz statt in Salzlake eingelegt)
- 10–15 schwarze Oliven (z. B. Gaeta), entsteint und geviertelt
- ein paar EL geröstete Semmelbrösel (falls gewünscht)

Zubereitungszeit: 15–20 Min.

Kochzeit: 10–15 Min.

❶ Das Öl erhitzen und die Zwiebel mit der Hälfte des Knoblauchs darin kurz anbraten. Die Tomaten dazugeben, bei mittlerer Hitze zu einer Sauce zerkochen und diese eventuell mit Tomatenmark etwas eindicken. Die Sauce mit Salz, Pfeffer, eventuell etwas Zucker (um die Säure auszubalancieren) und einer Prise Oregano oder Majoran würzen. Den Thunfisch in der Sauce erhitzen.

❷ Währenddessen die Spaghetti in kochendem Salzwasser »al dente« kochen und abgießen. Die Nudeln zunächst mit der Hälfte der Sauce und den Kapern und Oliven vermengen, dann die restliche Sauce dazugeben. Das Ganze mit Petersilie, dem restlichen Knoblauch und (falls gewünscht) mit gerösteten Semmelbröseln bestreuen und sofort servieren.

Spaghetti alla Vongole

Spaghetti mit Tomaten und Venusmuscheln auf neapolitanische Art

Wer während seines Italienaufenthalts in Neapel über die Kopfsteinpflasterstraßen der Altstadt wandelt und sich in einem der zahlreichen Straßenrestaurants niederlässt, hat wahrscheinlich das große Glück, dort dieses köstliche Gericht aus frischen Muscheln, Spaghetti in Tomatensauce, feiner Petersilie und einem Hauch Knoblauch vorgesetzt zu bekommen.

Kleine Venusmuscheln haben oft das beste Aroma, während größere Exemplare leichter zu handhaben sind. Falls keine Venusmuscheln erhältlich sind, verwendet man stattdessen eine andere Muschelsorte.

FÜR 4 PERSONEN

- 1 kg frische Venusmuscheln (mit Schale) oder andere Muscheln (ohne Schale)
- 8 Knoblauchzehen, gehackt
- 125 ml extra natives Olivenöl mit starkem, fruchtigem Aroma
- 1 TL Chiliflocken oder ½–1 getrocknete rote Chilischote, zerkrümelt
- 125 ml trockener Weißwein
- 125 ml passierte Tomaten (Passata)
- 1 EL Tomatenmark
- Meersalz (nach Belieben)
- 1 Prise Zucker
- 2 TL getrockneter Oregano
- 450 g Spaghetti
- 2–3 EL frische Petersilie, gehackt

Zubereitungszeit: ca. 1 Std. 10 Min.

Kochzeit: 15–20 Min.

❶ Die Muscheln 30–60 Minuten mit kaltem Salzwasser bedeckt stehen lassen, um sie zu reinigen, dann herausnehmen und abspülen.

❷ Die Muscheln mit der Hälfte des Knoblauchs im Olivenöl etwa 5 Minuten anbraten, dann die Chiliflocken und den Wein dazugeben und die Flüssigkeit bei starker Hitze verdampfen lassen. Passierte Tomaten, Tomatenmark, den restlichen Knoblauch, Salz, Zucker und Oregano hinzufügen und das Ganze zugedeckt etwa 10 Minuten bei mittlerer Hitze kochen, bis die Muscheln sich öffnen.

❸ Die Spaghetti »al dente« kochen, abgießen und mit ein paar Löffeln der Sauce vermischen. Dann auf eine große Platte oder in Schüsseln geben und die restliche Sauce mit den Muscheln darüber gießen. Das Gericht mit frischer Petersilie bestreuen und sofort auftragen.

▲ *Spaghetti alla Vongole*

Sbarrigia

Geflügelrisotto mit Oliven

Dieses Gericht aus Hühnerfleisch, Tomaten und Oliven ist ein Klassiker der sizilianischen Küche.

FÜR 4 PERSONEN
- ½ Zwiebel, gehackt
- 4 Knoblauchzehen, gehackt
- 3 EL extra natives Olivenöl
- 375 g Arborioreis
- 375–400 g Tomaten mit Saft (frisch oder aus der Dose), gewürfelt
- 125 ml trockener Weißwein
- 1 l Hühnerbrühe (bzw. so viel wie benötigt)
- 25 grüne Oliven mit Paprikafüllung oder je 15 schwarze und grüne Oliven, entsteint und halbiert
- 1 Hühnerbrust, gedünstet und in Streifen oder kleine Stücke zerteilt
- mehrere Prisen italienische Kräuter oder eine Mischung aus Rosmarin, Thymian und Salbei
- frisch gemahlener schwarzer Pfeffer (die Oliven und der Käse sind recht salzig, weshalb auf Salz in der Regel verzichtet werden kann)
- 75–115 g Romano oder anderer reifer Hartkäse, grob gerieben
- 1–2 EL frische Petersilie, gehackt

Zubereitungszeit: 15–20 Min.

Kochzeit: ca. 20–30 Min.

Zwiebel und Knoblauch im heißen Olivenöl kurz anbraten, bis sie weich sind, dann den Reis einrühren und ein paar Minuten mitbraten, bis er eine leicht goldene Farbe annimmt. Die Tomaten dazugeben und kurz erwärmen, dann den Wein hinzufügen und umrühren, bis der Reis ihn aufgesaugt hat. Die Brühe nach und nach in kleinen Mengen einrühren, sodass der Reis die Flüssigkeit gut aufnehmen kann; nachgießen, wenn der Risotto zu trocken wird. Oliven, Hühnerfleisch, Kräuter, Pfeffer, Käse und Petersilie unterrühren, sobald der Reis »al dente« gekocht ist. Den Risotto sofort servieren.

Pourgouri Pilafi

Bulgurweizenpilau auf zypriotische Art

In einer zünftigen Dorftaverne auf Zypern gehört zu einem ausgiebigen Mezemenü stets eine Platte dieses Pilaus. Man benötigt dazu frische aromatische Tomaten.

FÜR 4 PERSONEN
- 1 große oder 2 kleine Zwiebeln, gehackt
- 2 Knoblauchzehen, gehackt
- 3 reife mittelgroße Tomaten, geschält und gewürfelt
- 2 EL extra natives Olivenöl
- eine Hand voll (etwa 25 g) Vermicelli, in kleine Stücke gebrochen
- 275 g Bulgurweizen
- 350 ml Gemüse- oder Hühnerbrühe
- Salz und schwarzer Pfeffer
- ein paar getrocknete Oreganoblätter, zerkrümelt (nach Belieben)

Zubereitungszeit: ca. 15 Min.

Kochzeit: 10–15 Min.

▲ *Weizenpilau*

❶ Zwiebel, Knoblauch und Tomaten im heißen Olivenöl kurz anbraten, bis sie weich werden, dann die Vermicellistücke hineinrühren. Das Ganze soll gebraten, nicht zur Sauce zerkocht werden, deshalb eventuell Olivenöl nachgießen.

❷ Den Bulgurweizen dazugeben und gut verrühren, dann die Brühe mit Salz, Pfeffer und Oregano hinzufügen. Den Pilau zudecken und 8–10 Minuten köcheln lassen, bis die Brühe aufgesogen und der Bulgur weich gekocht ist.

❸ Den Pilau vom Herd nehmen und kurz nachquellen lassen, dann mit einer Gabel etwas auflockern und sofort servieren.

Immjadara

Reis mit Linsen auf arabische Art

Die graugrünen Puylinsen eignen sich für dieses Gericht besonders gut, weil sie beim Kochen nicht matschig werden und angenehm erdig schmecken.

Das Kochen in Olivenöl verleiht diesem leichten und nahrhaften Gericht ein feines Aroma. Man serviert es allein oder als Beilage zu Lammspießen und/oder gegrillten Auberginen (s. S. 59). Dazu reicht man eine Schüssel mit gekühltem Naturjoghurt, Gurkenscheiben und eine würzige Sauce, zum Beispiel aus rotem Paprika.

FÜR 4 PERSONEN

- 150 g Puylinsen
- 1 Lorbeerblatt
- 2 Zwiebeln, in Ringe geschnitten
- 3 EL extra natives Olivenöl
- 275 g Reis
- 7 Knoblauchzehen (5 in dünne Scheiben geschnitten und 2 fein gehackt)
- ½ TL (oder mehr) Kreuzkümmel, gemahlen
- 475 ml Gemüse-, Hühner- oder Rindfleischbrühe
- ½ TL Currypulver
- Samen von 3–5 Kardamomschoten
- Cayennepfeffer und schwarzer Pfeffer
- Salz (falls gewünscht)

Zubereitungszeit: ca. 15 Min.

Kochzeit: 30–40 Min.

❶ Die Linsen mit dem Lorbeerblatt in einen Topf geben, mit Wasser bedecken und zum Kochen bringen. Die Hitze reduzieren und die Linsen zugedeckt etwa 20 Minuten köcheln lassen, bis sie weich sind. (Falls sie zu trocken erscheinen oder anzubrennen drohen, Wasser nachgießen.)

❷ Die Zwiebeln im Olivenöl leicht anbräunen, dann den Reis dazugeben und anbraten, bis er eine goldene Farbe annimmt. Den Knoblauch in Scheiben und den Kreuzkümmel einrühren und nach einigen Minuten die Brühe mit dem Currypulver und den Kardamomsamen hinzufügen.

❸ Das Ganze zugedeckt bei mittlerer Hitze etwa 8 Minuten kochen, bis der Reis gar ist. Nach etwa 6 Minuten den Flüssigkeitsstand überprüfen: Bei zu viel Flüssigkeit den Deckel entfernen, bei zu wenig etwas Wasser nachfüllen. Den gehackten Knoblauch sowie Pfeffer und Salz (falls gewünscht) einrühren und sofort servieren.

Dieses Kapitel enthält Rezepte, die sich besonders gut für einen Brunch, ein leichtes Abendessen oder sogar als Mitternachtssnack eignen. Wenige Nahrungsmittel passen so gut zusammen wie Eier und Olivenöl – wenn Sie einmal ein Omelett in Olivenöl gebraten haben, werden Sie es für immer der Butter vorziehen!

Eierspeisen

Ajja

Rührei mit Wurst und Paprika auf tunesische Art

Eine pikante Wurstsorte gibt diesem in Olivenöl gebratenen Rühreigericht mit Zwiebel, Paprika und Tomaten Biss und Geschmack. Für die vegetarische Variante kann man statt der Wurst Würfel von Räuchertofu benutzen, den man zuvor mit etwas mildem Chilipulver behandelt.

Für 4 Personen

- 175–225 g würzige Wurst, z. B. Merguez oder spanische Chorizo-Wurst
- 1 Zwiebel, gehackt oder in dünne Ringe geschnitten
- 1 grüne und 1 rote Paprikaschote, in dünne Streifen geschnitten
- 4–5 EL extra natives Olivenöl
- 5 Knoblauchzehen, gehackt
- 5 reife Tomaten mit Saft, gehackt oder gewürfelt (oder etwa 275 g Tomaten aus der Dose)
- 6 Eier, leicht verquirlt
- ¼ TL Kreuzkümmel, gemahlen
- Salz und frisch gemahlener schwarzer Pfeffer
- ¼–1 frische grüne Chilischote, gehackt (oder die entsprechende Menge einer Chili-Knoblauch-Paste)
- 2 EL frischer Koriander, gehackt

Zubereitungszeit: 15–20 Min.

Kochzeit: 15–20 Min.

❶ Die Wurst in Scheiben schneiden und ohne Fett in einer Pfanne anbräunen, dann das ausgelaufene Fett abgießen und die Scheiben auf einem Teller oder auf Küchenpapier abtropfen lassen.

❷ Zwiebel und Paprikastreifen im heißen Olivenöl anbraten, bis sie weich sind. Den Knoblauch dazugeben und kurz erhitzen. Die Tomaten hinzufügen und das Ganze etwa 8 Minuten bei recht starker Hitze einkochen lassen, bis eine dickflüssige Sauce entsteht.

❸ Die verquirlten Eier dazugießen und mit Kreuzkümmel, Salz, Pfeffer und Chili nach Belieben würzen. Die Hitze reduzieren und die Masse gelegentlich mit einem Holzlöffel umrühren, sodass das Ei zu Flocken gerinnen kann. Das fest gewordene Rührei mit Koriander bestreuen und sofort servieren.

Eierspeisen

Käseomeletts

mit grünem Chili, frischem Dill und Koriander

Die Ziegenkäsefüllung schmeckt frisch und pikant und harmoniert prächtig mit den in Olivenöl zubereiteten Omeletts.

Für 4 Personen
- 8 Eier, leicht verquirlt
- 2–3 EL Milch
- Salz und schwarzer Pfeffer
- 4–5 EL extra natives Olivenöl
- ½ grüne Chilischote, gehackt
- 2 Knoblauchzehen, fein gehackt
- 115–175 g Ziegenkäse
- 3 EL frischer Dill, gehackt
- 3 EL frischer Koriander, gehackt
- 1 Töpfchen saure Sahne als Beilage

Zubereitungszeit: 10–15 Min.

Kochzeit: 10–15 Min.

❶ Aus je 2 Eiern und etwas Milch 4 Omeletts zubereiten. 1–2 EL Olivenöl in eine Pfanne geben und erwärmen, aber nicht zu stark erhitzen.

❷ Die für 1 Omelett notwendige Menge Ei und Milch in die Pfanne gießen und bei geringer Hitze braten. Die Ränder anheben, sodass das flüssige Ei auf den Pfannenboden läuft. Wenn das Ei beinahe fest ist, je ein Viertel von Chili, Knoblauch, Ziegenkäse, Dill und Koriander darüber streuen und das Omelett aufrollen. Den Vorgang mit den 3 anderen Omeletts wiederholen.

❸ Die Omeletts heiß aus der Pfanne und (falls gewünscht) mit 1 EL saure Sahne servieren.

Frittatas mit grünen Bohnen

und Olivenpaste

Ein dünnes Omelett mit zarten grünen Bohnen wird in Olivenöl gebraten und mit einer dünnen Schicht Paste aus schwarzen Oliven (Olivade oder Tapenade) bestrichen – ein köstlicher Snack für Picknicks, als Vorspeise oder kleine Beilage.

Für 4 Personen

- 150 g feine grüne Bohnen
- 3 Knoblauchzehen, durchgepresst
- 3–4 EL extra natives Olivenöl
- Salz und frisch gemahlener schwarzer Pfeffer
- 6 Eier, leicht verquirlt
- 3 EL (oder mehr) Olivenpaste (Olivada oder Tapenade)
- 2 EL frische Basilikumblätter

Zubereitungszeit: 15–20 Min.

Kochzeit: ca. 15 Min.

❶ Die grünen Bohnen blanchieren, bis sie leuchtend grün und noch knackig sind, dann unter kaltem Wasser abspülen, um ein Nachgaren zu verhindern. Die Bohnen abtropfen lassen und in mundgerechte Stücke zerteilen.

❷ Den Knoblauch in 1 EL Olivenöl erhitzen, dann die Bohnenstücke dazugeben, mit Salz und Pfeffer würzen und kurz erhitzen. Knoblauch und Bohnen aus der Pfanne nehmen und gründlich mit der Eimasse verquirlen.

❸ Etwa 1 EL Olivenöl in dieselbe Pfanne geben und erhitzen. Ein Viertel der Bohnen-Eier-Mischung hineingeben und zu einem flachen Omelett formen. Das Omelett bei mittlerer Hitze braten, bis die Unterseite goldbraun ist, dann aus der Pfanne nehmen und die Oberseite unter dem Grill garen. Das fertige Omelett auf einem Backblech warm halten und auf dieselbe Weise 3 weitere Omeletts backen. Die Omeletts mit Olivenpaste bestreichen und mit Basilikum bestreuen.

Pizzas und Sandwiches

Brot mit Olivenöl ist das Grundnahrungsmittel des Mittelmeerraums. Salat, etwas gegrilltes Fleisch, ein Omelett oder eine Schüssel mit Nudeln – alle sind nur Ergänzungen dieser einfachen täglichen Mahlzeit.

Um diesen Inbegriff mediterraner Ernährung zu genießen, beträufelt man ein gutes, herzhaftes Brot mit Olivenöl, streut etwas grobes Meersalz darüber und – wenn es Saison ist – belegt es mit Scheiben frischer, reifer Tomaten, deren Säfte man ins Brot einziehen lässt. Mit etwas Knoblauch und Basilikum und vielleicht noch ein paar Oliven dazu wird daraus eine wunderbare kleine Mahlzeit.

Lahmajoun mit Aubergine und Lamm

sowie Pinienkernen und Rucola-Oliven-Salat

Lahmajoun ist ein mit dem Pizzateig verwandtes Gebäck aus dem Nahen Osten. Diese Variante benutzt Weizenmehltortillas, die mit einer Mischung aus Fleisch und Gemüse belegt und mit einem Salat aus Rucola und Oliven gekrönt werden.

FÜR 4 PERSONEN

- 1 mittelgroße Aubergine, gewürfelt
- 1 großzügige Prise Salz
- 225 g Lammhackfleisch
- 3 Knoblauchzehen, gehackt
- ½ Zwiebel, gehackt
- 4–6 EL extra natives Olivenöl
- 450 g Tomaten mit Saft (frisch oder aus der Dose), gewürfelt
- je 1 Prise Zimt, Gewürznelkenpulver, Piment und Oregano
- Salz, Pfeffer und Zucker
- 4 Weizenmehltortillas
- 2–3 EL Pinienkerne
- eine Hand voll Rucolablätter
- 10–12 grüne Oliven, entsteint und halbiert

Zubereitungszeit:
ca. 1 Std. 20 Min.
Kochzeit: ca. 20 Min.

❶ Die Auberginenwürfel mit Salz bestreuen und mindestens 30 Minuten ziehen lassen, dann abspülen und trockentupfen.

❷ Auberginenwürfel, Lammfleisch, Knoblauch und Zwiebel im Olivenöl anbraten, bis das Gemüse weich ist. Die Tomaten mit ihrem Saft, den Gewürzen, Salz, Pfeffer und einer Prise Zucker hinzufügen und das Ganze zugedeckt bei starker Hitze garen, bis die Sauce dickflüssig geworden ist.

❸ Die 4 vorbereiteten Tortillas mit der Fleisch-Gemüse-Mischung belegen und mit Pinienkernen bestreuen.

❹ Die Tortillas im Backofen etwa 5 Minuten bei 220 °C grillen, bis ihre Ränder knusprig braun werden und der Belag die Konsistenz einer festen Paste angenommen hat. Jede Portion Lahmajoun mit ein paar Rucolablättern und Oliven bestreuen und alles sofort servieren.

Quesadillas mit Schafskäse

und Olivenöl mit Estragonaroma

Diese ungewöhnlichen Quesadillas (mit Käse gefüllte Tortillas) besitzen nicht die intensive Schärfe, für die mexikanische Gerichte bekannt sind, sondern schmecken eher mild und würzig. Das mit Estragon aromatisierte Olivenöl bildet einen markanten Gegensatz zum Geschmack der deftigen Maistortillas und das Aromenspiel kann sich bei diesem Gericht anders als bei zu scharfen Speisen voll entfalten.

Wenn das Öl rechtzeitig im Voraus hergestellt wird (s. S. 121), lassen sich die Quesadillas sehr schnell zubereiten. Grundsätzlich eignet sich dafür jeder ausreichend harte Reibkäse, aber ein Schafskäse wie der Romano oder eine andere mediterrane Schafskäsesorte gibt dem Ganzen ein besonderes Flair. Und obwohl frische, reife Tomaten der Saison vorzuziehen sind, können sie auch durch Konserven ersetzt werden.

Für 4 Personen

- 8 Maismehltortillas
- 175 g gereifter, fester Schafskäse (z. B. Romano), grob geraspelt
- 4–6 reife Tomaten (je nach Vorliebe blanchiert oder roh), geschält und gewürfelt
- 1–2 EL Olivenöl mit Estragonaroma (s. S. 121)

Zubereitungszeit: 5–10 Min.

Kochzeit: ca. 5 Min.

❶ Die Tortillas entweder in einer beschichteten und leicht eingefetteten Pfanne oder in der Mikrowelle erwärmen. Jede Tortilla mit einem Viertel des Käses und der Tomatenwürfel bestreuen, dann zusammenfalten und nochmals in Pfanne oder Mikrowelle erhitzen, bis der Käse geschmolzen ist.

❷ Die Quesadillas mit etwas Olivenöl mit Estragonaroma beträufeln und sofort heiß servieren.

Kubanische Sandwiches

Ein Kubanisches Sandwich ist ein Verwandter des französischen Baguettes, der mit verschiedenem Fleisch, Käse und anderem gefüllt und in der Bratpfanne geröstet wird, wobei man ihn mit einem schweren Gewicht zusammenpresst. Das Ergebnis ist ein pikant gefülltes Sandwich mit knuspriger Kruste, das dann zusätzlich mit knackigen Salatblättern und ein Tomatenscheiben belegt wird.

FÜR 4 PERSONEN
- 1 halb gebackenes französisches Stangenbrot
- extra natives Olivenöl
- Mojo-Sauce (s. S. 121)
- 175 g Schinken, in dünne Scheiben geschnitten
- 125 g Schnittkäse, z. B. Manchego, Cheddar oder Monterey Jack, in dünne Scheiben geschnitten
- 1 gekochte Hühner- oder Truthahnbrust (etwa 125–175 g), in schmale Streifen geschnitten (oder gekochtes Schweine-, Rind- oder Lammfleisch)
- 10–15 grüne Oliven mit Paprikafüllung, halbiert
- ein paar frische grüne Salatblätter
- 2–3 reife Tomaten, in Scheiben geschnitten

Zubereitungszeit: ca. 10 Min.

Kochzeit: ca. 15 Min.

❶ Das Brot längs aufschneiden, von innen und außen mit Olivenöl bepinseln und etwas Mojo-Sauce darüber geben. Den Brotlaib der Länge nach mit Schinken, Käse, Hühnerbrust oder anderem Fleisch und Oliven belegen (dabei jede Zutat mit einem Spritzer Mojo-Sauce würzen) und fest zusammenpressen, dann in vier Sandwiches zerteilen.

❷ In einer Pfanne Olivenöl erhitzen und die Sandwiches darin von beiden Seiten anbraten, bis das Brot knusprig und der Käse zerlaufen ist. Dabei ein schweres Gewicht auf die Sandwiches legen, sodass sie flach zusammengedrückt werden. Die fertigen Sandwiches mit Salat und Tomatenscheiben belegen. Sofort servieren.

VARIATION

Die Sandwiches auf ein Backblech legen und bei 200 °C im Ofen garen, bis das Brot braun und der Käse geschmolzen ist. Die Sandwiches beim Wenden fest zusammenpressen.

Tartina al Caprina

Roggenbrot mit Ziegenkäseaufstrich und Olivenöl

Nichts ist einfacher zubereitet als ein herzhaftes Brot mit frischem, leicht säuerlichem Ziegenkäse und Olivenöl, das mit Kräutern und Knoblauch angesetzt wurde.

FÜR 4 PERSONEN

- 3 Knoblauchzehen
- mehrere Prisen Salz
- 1 TL Zitronensaft
- je 1–3 TL Estragon, Basilikum, Petersilie, Dill, Rosmarin, und Minze (nach Belieben gemischt)
- 2 EL frische Schnittlauchröllchen
- 75 ml aromatisches extra natives Olivenöl (vorzugsweise aus der Provence)
- 8 dünne Scheiben deutsches Roggenbrot oder französisches *pain levain*
- frischer cremiger Ziegenkäse (Menge nach Belieben)

Zubereitungszeit: ca. 10 Min.

Marinieren: mindestens 1 Std.

❶ Den Knoblauch im Mörser mit einem Stößel zerdrücken und mit Salz und Zitronensaft vermischen. Kräuter und Schnittlauch dazugeben und das Olivenöl unterrühren. Das Ganze 1 Stunde marinieren lassen.

❷ Die Brotscheiben mit Ziegenkäse bestreichen und jede mit etwas Oliven-Kräuter-Öl beträufelt servieren.

Muffaletta

Sandwiches à la New Orleans

Die Sandwiches aus New Orleans sind fast so berühmt wie die von dort stammenden Austerngerichte. Muffalettas kann man überall in New Orleans kaufen und jeder Einwohner hat seine persönliche Lieblingssorte. Man verwendet dazu am besten ein großes, leicht säuerliches Landbrot, wie es in den Mittelmeerländern gebacken wird.

Die Füllungen für Muffalettas sind so vielfältig wie die Stadt, aus der sie kommen, und enthalten gegrillte Paprika, grüne und schwarze Oliven, viel Knoblauch, Schichten von Salami, Schinken und Mortadella sowie im Innersten ein paar Scheiben Käse.

Für 4–6 Personen

- 5 Knoblauchzehen, gehackt
- etwa 30 schwarze Oliven, entsteint und in Scheiben geschnitten
- etwa 30 grüne Oliven mit Paprikafüllung, in Scheiben geschnitten
- 2 gegrillte rote Paprikaschoten, geschält und in Streifen geschnitten
- 3–5 EL frische Petersilie, gehackt
- 100–125 ml extra natives Olivenöl
- 1–2 EL Weißweinessig
- mehrere Prisen Oregano
- 1 frisch gebackenes großes Landbrot
- 150 g Salami, in Scheiben geschnitten
- 150–175 g (oder mehr) Mortadella, in Scheiben geschnitten
- 150–175 g (oder mehr) gekochter Schinken, in Scheiben geschnitten
- 150–175 g spanische Chorizo-Wurst, in Scheiben geschnitten
- 400 g milder Käse, in dünne Scheiben geschnitten

Zubereitungszeit: ca. 20 Min.

❶ Die ersten 8 Zutaten in einer Schüssel vermischen. Das Brot längs aufschneiden und in der Mitte etwas aushöhlen.

❷ Das Innere des Brots mit etwas Saft aus der Olivenmischung beträufeln und die Unterseite mit etwa zwei Dritteln der Mischung belegen. Das Fleisch und den Käse darüber schichten und mit der restlichen Olivenmischung abschließen. Den Deckel darauf setzen, das Sandwich fest zusammenpressen und bis zum Verzehr kalt stellen.

Bocadillo aus Santa Gertrudis

Santa Gertrudis ist ein kleines Dorf auf den Hügeln von Ibiza, bestehend aus einer Kunstgalerie, einem Kunstgewerbeladen, einem Bankautomaten und einer Bar, in der die allerköstlichsten Sandwiches, genannt Bocadillos, *serviert werden. Zum Frühstück schmecken sie gut mit Schinken und Manchegokäse oder auch mit Tomate und Knoblauch, zum Mittagessen am besten mit Grillsteak. Das ideale Getränk dazu ist ein gut gekühltes Bier.*

FÜR 4 PERSONEN

- 4 knusprige, große Sandwichbrötchen mit weichem, leicht säuerlichem Teig
- 4–8 Knoblauchzehen, halbiert
- extra natives Olivenöl zum Beträufeln
- 2–3 reife Tomaten, in dünne Scheiben geschnitten
- 1 Prise Oregano
- 8–12 Scheiben gekochter Schinken oder Parmaschinken
- 8–12 dünne Scheiben Manchego (oder anderer milder Schnittkäse)

Zubereitungszeit: ca. 15 Min.

Kochzeit: ca. 10 Min.

❶ Die Brötchen halbieren und kurz aufbacken. Die gerösteten Seiten gründlich mit dem Knoblauch einreiben, denn die harten Ränder wirken wie ein Hobel. Den restlichen Knoblauch klein hacken und auf die Brötchen streuen.

❷ Die mit Knoblauch eingeriebenen Brötchenseiten mit Olivenöl beträufeln und mit den leicht zerdrückten und mit Oregano bestreuten Tomatenscheiben belegen. Schinken und Käse darauf schichten, die Brötchen schließen und das Ganze am besten in einer Pfanne erhitzen. Dabei die Sandwiches mit einem schweren Gewicht zusammenpressen.

❸ Die Bocadillos sofort servieren und dazu ein paar Oliven und ein kühles Bier reichen.

Piadina

mit grünen Oliven und rotem Paprika

Piadina ist eine aus der Gegend von Bologna in Norditalien stammende Gebäckspezialität, die meist mit Salami, Räucherfleisch und Käse belegt wird und auch in manchen italienischen Delikatessengeschäften erhältlich ist. Man kann sie durch Weizenmehltortillas ersetzen, die leichter zu bekommen sind. Mit einem Löffel scharfer Sauce wird diese delikate Vorspeise noch feuriger. Für das wahre Aroma sorgen jedoch Oliven, Käse und Olivenöl.

FÜR 4 PERSONEN

- 4 Weizenmehltortillas
- 12 grüne Oliven mit Paprikafüllung, in Scheiben geschnitten
- 2 Knoblauchzehen, durchgepresst
- 1 eingelegte Jalapeño-Schote oder ½ frische Chilischote, fein gehackt
- 1 rote Paprikaschote, gegrillt, geschält und in Streifen geschnitten
- 225 g milder Schnittkäse, z. B. Cheddar, Fontina oder Emmentaler, in dünne Scheiben geschnitten
- 1–2 TL extra natives Olivenöl
- 1 EL frischer Koriander, gehackt

Zubereitungszeit: ca. 10 Min.

Kochzeit: ca. 10 Min.

❶ Die Tortillas auf ein Backblech legen und mit Oliven, Knoblauch, Chili und Paprika belegen, dann mit dem Käse bestreuen und mit dem Olivenöl beträufeln.

❷ Die Piadinas im Ofen grillen, bis der Käse schmilzt. Mit Koriander bestreuen und servieren.

Eliopita

Oliventeigbrot aus Zypern

Das traditionelle Rezept für Eliopita wird hier mit Rosmarin verfeinert, der pinienartiges Aroma vorteilhaft einbringt. Normalerweise verwendet man schwarze Oliven, aber auch grüne oder eine Mischung aus beiden ist in Ordnung. Wenn es nicht zu salzig ist, kann man für diesen Snack sehr gut das Öl von eingelegten Oliven benutzen.

FÜR 4 PERSONEN

- 375 g Mehl
- 50 g Vollkornmehl
- 1 TL Backpulver
- 1 EL Minzeblätter, getrocknet
- 1 EL frischer Rosmarin, gehackt
- 125 ml extra natives Olivenöl
- 1 Zwiebel, gehackt
- etwa 20 Oliven, entsteint und in Viertel oder kleine Stücke zerteilt

Zubereitungszeit: ca. 20 Min.

Kochzeit: ca. 40 Min.

❶ Die beiden Mehlsorten mit dem Backpulver und der Minze vermischen und beiseite stellen.

❷ Rosmarin, Olivenöl und 250 ml warmes Wasser mischen und unter die Mehlmischung rühren, dann Zwiebel und Oliven dazugeben. Das Ganze zu einem zähen Teig verarbeiten.

❸ Den Teig in eine leicht eingefettete Form der Größe 30 × 38 cm füllen und im vorgeheizten Backofen bei 180 °C 30–40 Minuten backen, bis das Brot gleichmäßig braun und fest ist. Traditionell wird Eliopita warm serviert und kann dann innen noch etwas teigig sein; es schmeckt aber auch kalt gut, wenn es sich gesetzt hat.

▲ Piadina mit grünen Oliven und rotem Paprika

Pizzateig

Wenn man Pizza selbst herstellt, kann man den Belag frei wählen. Außerdem ist Pizza sehr praktisch: Ein Teigklumpen hält im Kühlschrank bis zu einer Woche und muss nur hin und wieder geknetet werden, bevor er schließlich verwendet wird.

FÜR 6 KLEINE ODER 2 GROSSE PIZZEN

- 1 Päckchen aktive Trockenhefe
- 1 TL Zucker
- 50 ml extra natives Olivenöl
- 450 g kräftiges weißes Mehl
- 115 g Vollkornmehl
- 1 TL Salz

Vorbereitungszeit: ca. 2 Std.
Backzeit: 10–30 Min. (je nach Größe der Pizza und Belag)

❶ 300 ml warmes Wasser (etwa 40–45 °C) mit Hefe und Zucker mischen. Wenn es nach 5–10 Minuten zu schäumen beginnt, das Olivenöl dazugeben.

❷ Die beiden Mehle vermischen und etwa 250 g davon beiseite stellen. Das restliche Mehl in einer großen Schüssel mit dem Salz mischen und in die Mitte eine Vertiefung drücken. Von dort aus mit einer Gabel die Hefeflüssigkeit unterrühren. Sobald sich ein klebriger Teig zu bilden beginnt, die Gabel durch einen großen Holzlöffel ersetzen. Zuletzt die Hände benutzen.

❸ Eine Arbeitsfläche mit etwas von dem beiseite gestellten Mehl bestreuen und den Teig darauf mit ebenfalls bemehlten Händen so lange kneten, bis er glatt und elastisch ist und samtig schimmert. Arbeitsfläche und Hände dabei wiederholt mit Mehl bestreuen.

❹ Der Teig ist fertig, wenn sich nach etwa 10 Minuten Kneten der Eindruck eines Fingers auf dem Teig nach außen beult. Dann den Teig zum Aufgehen in eine eingeölte große Schüssel legen.

❺ Die Schüssel mit einem feuchten Tuch oder Frischhaltefolie abdecken. Soll der Teig schnell aufgehen, stellt man die Schüssel am besten an einen warmen Ort. Dort benötigt er dazu etwa 90 Minuten. Will man den Teig erst viel später verwenden, kann man ihn im Kühlschrank aufgehen lassen, wo er etwa $1\frac{1}{2}$ Tage benötigt.

❻ Den aufgegangenen Teig kurz durchkneten und nochmals aufgehen lassen; dies geschieht nun viel schneller und ergibt einen Teig, der sich besonders leicht handhaben lässt.

❼ Den wieder aufgegangenen Teig nochmals kneten und auf einem Backblech oder einer Pizzapfanne dünn ausrollen. Er kann nun belegt und gebacken werden.

❽ Den Backofen auf 200–230 °C vorheizen. Eine Backform aus Keramik mit kochendem Wasser füllen und unten in den Ofen stellen. (So bekommt man auch ohne Stein- oder Ziegelofen eine Pizza mit knuspriger Kruste!) Die belegte Pizza mit zusätzlichem Olivenöl beträufeln und im heißen Ofen je nach Größe und verwendeten Zutaten 15–30 Minuten backen.

GRUNDREZEPT PIZZABELAG

Ein guter Basisbelag kann aus pürierten Tomaten, ein paar frischen Tomatenwürfeln (für mehr Biss), gehacktem Knoblauch, Oregano und einer Lage geriebenem Käse bestehen, immer aber mit ein paar Tropfen eines guten aromatischen Olivenöls.
Ein Belag mit Tomaten ist aber kein Muss. Man kann die übrigen Zutaten auch direkt auf den Teig legen, z. B. marinierte oder gebratene Artischocken, Auberginen, Zucchini, Spargel, Zwiebelscheiben, Rosmarin oder verschiedene weiße Käsesorten, alle mit etwas Olivenöl und Knoblauch gewürzt.

Pizzabeläge

Artischocken und Ziegenkäse
Der Pizzateig wird mit einer Hand voll blanchierter oder eingelegter Artischockenherzen in Scheiben und zerkrümeltem Ziegenkäse sowie etwas geriebenem Parmesan belegt, mit Olivenöl beträufelt und wie beschrieben gebacken.

Merguez und Auberginen
In der Provence ist die Variante mit der aus Nordafrika stammenden würzigen Merguezwurst sehr beliebt. Dazu wird die Basisversion samt Tomate und Käse mit in Öl gebräunten Auberginenscheiben und Stücken von Merguez belegt und gebacken, bis die Wurst braun ist.

Pizza Napolitano
Aus der Hälfte des Pizzateigs (s. S. 114) wird ein dünner Pizzaboden hergestellt, mit einer dünnen Schicht Tomatenpüree bedeckt und mit Folgendem belegt: einer roten Zwiebel in dünnen Scheiben, mehreren sehr reifen und aromatischen Tomaten in Würfeln, 5 oder mehr Anchovis in Stücken, 5–10 in Öl eingelegten schwarzen Oliven (entsteint und halbiert), 2 Mozzarellalaiben (in dünne Scheiben geschnitten), 1 TL Kapern und 2 fein gehackten Knoblauchzehen. Das Ganze wird mit 3–4 EL Olivenöl beträufelt, mit Oregano bestreut und sofort gebacken. Zur fertigen Pizza werden geriebener Parmesan und scharfe Chiliflocken gereicht.

Calzone mit Pilzen und Ricotta
Den Pizzateig zubereiten und dünn ausrollen. Den Boden mit Champignons in dünnen Scheiben, mehreren Löffeln Ricotta, in Öl eingelegten schwarzen Oliven in Scheiben und frischem Thymian oder Rosmarin belegen, dann mit etwas Olivenöl beträufeln. Den Teigboden zusammenfalten und an den Rändern gut versiegeln. Diese Teigtasche mit Tomatenpüree, Tomatenwürfeln und Ricotta belegen und wie beschrieben backen. Wer mag, kann der Füllung zusätzlich eine grüne Paprikaschote in Würfeln und/oder etwas angebratene Wurst hinzufügen. Als Beilagen eignen sich frisch geriebener Parmesan, scharfe rote Chiliflocken und eine Schüssel mit Oliven.

Calzone »California Classic« mit Ziegenkäse und grünem Chili
Die Calzone wie oben beschrieben zubereiten, jedoch mit Ziegenkäse, gehacktem Knoblauch, gehacktem Koriander und frischen grünen Chilischoten füllen. Die Teigtasche mit Tomaten bedecken und backen.

◀ *Pizza Napolitano*

Socca

Dünne Crêpes aus Kichererbsenteig und Olivenöl

Socca ruft Erinnerungen an Südfrankreich wach: die Rufe der Händler auf dem Markt und kleine Jungs auf Fahrrädern, die Socca aus der Bäckerei um die Ecke eiligst nach Hause bringen. Socca ist ein dünnflüssiger Teig aus Kichererbsenmehl und Olivenöl, der zu großen, dünnen Crêpes verarbeitet wird. Eine Prise Rosmarin oder Kreuzkümmel gibt ihnen zusätzliches Aroma, obwohl schwarzer Pfeffer das einzige traditionelle Gewürz ist. In Nizza bereitet man Socca häufig in Holzöfen zu, sodass sie einen feinen Rauchgeschmack bekommen.

FÜR 4 PERSONEN

- 230 g Kichererbsenmehl (auch als *besan* bekannt)
- 1 TL Salz
- 3–5 EL extra natives Olivenöl (und 1 EL Öl für die Pfanne)
- frisch gemahlener schwarzer Pfeffer
- 1 Prise Kreuzkümmel, gemahlen
- 1 Schüssel Niçoise-Oliven als Beilage

Zubereitungszeit: ca. 15 Min.

Kochzeit: 15–20 Min.

❶ Das Kichererbsenmehl mit dem Salz vermischen. Olivenöl und 350 ml kaltes Wasser mischen und darunter rühren. Das Ganze zu einem glatten Teig verarbeiten, dabei etwaige Klümpchen durch ein Sieb streichen oder im Mixer fein mahlen. Den Teig mit Kreuzkümmel und Pfeffer würzen.

❷ In einer dickbödigen Bratpfanne 1 EL Öl stark erhitzen. Etwa eine halbe Schöpfkelle von dem Teig hineingeben und wie eine Crêpe zubereiten. Die Unterseite bei mittlerer Hitze bräunen, dann kurz unter den Grill geben, um die Oberseite zu garen. Sofort servieren. Mit einem Glas kaltem Rosé und einer Schüssel Niçoise-Oliven wird daraus eine original provenzalische Mahlzeit.

Saucen und Dressings

Saucen, Dips und Dressings – es sind kleine Kreationen, die allen Gerichten, mit denen sie serviert werden, ihre unverwechselbare Würze verleihen. Olivenöl allein ist bereits eine gute Sauce und wird so auch rings ums Mittelmeer verwendet: manchmal mit Zitronensaft und Kräutern gemischt, manchmal mit Meerwasser und manchmal ohne jede Zugabe, rein zum Beträufeln von Suppen, Reisgerichten, Fisch oder Salat. Olivenöl wird als Dip für Brot, als Sauce zu Bohnen, als wichtigster Bestandteil einer Mayonnaise oder eingekocht als Mojo-Sauce verwendet.

Auch die Oliven selbst sind Grundbestandteil vieler Saucen wie etwa Tapenade oder sogar Senf. Das folgende Kapitel enthält eine Auswahl von Saucen mit starkem Olivengeschmack, mit denen man einem Gericht ein ganz besonderes Flair verleihen kann.

Pistou

Würzpaste aus Basilikum, Knoblauch und Olivenöl

Im Gegensatz zu Pesto wird Pistou *nicht mit gemahlenen Nüssen angedickt, aber wie Pesto reichert man es oft mit geriebenem reifem Parmesan an. Pistou gibt man zu Nudeln, gedämpftem Gemüse oder mediterranen Gemüsesuppen.*

Der Geschmack von Pistou hängt von der Menge des zugegebenen scharfen Knoblauchs, frischen Basilikums und weichen Olivenöls ab.

Für 4 Personen

- 3 Knoblauchzehen, geschält
- mehrere Hand voll frische Basilikumblätter, grob zerpflückt
- 5 EL extra natives Olivenöl (falls nötig auch mehr)
- 6 EL geriebener Parmesan (nach Belieben mehr oder weniger)

Zubereitungszeit: 10–15 Min.

❶ Den Knoblauch mit einem Stößel im Mörser zerdrücken und im Mixer oder mit dem Pürierstab weiter zerkleinern. Das Basilikum dazugeben, dann nach und nach ausreichend Olivenöl dazugießen und die Mischung zu einer glatten, leicht öligen Paste verarbeiten. Den Käse unterrühren.

❷ Das Pistou hält sich in einer Schüssel oder im Glas mit einer dünnen Schicht Olivenöl obenauf bis zu 2 Wochen. Um es länger aufzubewahren, kann man es bis zu 4 Monate einfrieren; dabei lässt man den Käse weg und gibt ihn erst nach dem Auftauen hinzu.

Vinaigrette à la Moutarde

Cremiges Salatdressing aus Senf und Olivenöl

Dieses Salatdressing ist der Favorit meiner Freundin Esther und jeder, der gerne Senf mag, wird sich dieser Vorliebe vorbehaltlos anschließen können. Es schmeckt besonders gut zu einer Auswahl von frischen, knackigen Salatblättern, gemischt mit frischen Kräutern wie Estragon, Kerbel, Schnittlauch sowie Schalotten.

Für 4–6 Personen

- 1–3 Knoblauchzehen, fein gehackt
- 2 EL französischer Senf, z. B. Maille- oder Dijonsenf (scharf oder mild), oder körniger Senf
- 1–3 TL Essig (vorzugsweise Balsamessig oder eine Mischung aus Balsam- und Himbeeressig)
- 3 TL extra natives Olivenöl (falls nötig auch mehr)

Zubereitungszeit: ca. 15 Min.

Knoblauch, Senf und Essig miteinander verrühren, dann nach und nach das Olivenöl dazugeben und das Ganze durch kräftiges Rühren zu einer dickflüssigen Mischung verarbeiten. Das Dressing sollte stark nach Senf schmecken und gut an den Salatblättern haften bleiben.

▲ Pistou

Rouille

Rouille *ist eine aus Südfrankreich stammende Mayonnaise mit Knoblauch und Chili, die man zu gekochtem Fisch reicht oder auf Croûtons streicht und Fischsuppen beifügt. Diese Variante ist von der Küche des amerikanischen Südwestens beeinflusst und sehr einfach zuzubereiten. Neben den traditionellen Verwendungsmöglichkeiten passt sie auch sehr gut zu gegrillten Auberginen, gegrilltem Fisch oder Schweinebraten.*

Für 4 Personen

- 3–4 Knoblauchzehen, durchgepresst
- 1 TL mildes Chilipulver
- 1 TL Paprikapulver
- ¼ TL Kreuzkümmel, gemahlen
- 3–4 gehäufte EL Mayonnaise
- Salz und Cayennepfeffer (nach Belieben)
- Saft von ½ Zitrone
- 3 EL extra natives Olivenöl
- 1 EL frischer Koriander, gehackt

Zubereitungszeit: ca. 10 Min.

Kochzeit: ca. 5 Min.

Kühlzeit: mindestens 1 Std.

❶ Den Knoblauch mit Chili, Paprikapulver und Kreuzkümmel vermischen und unter die Mayonnaise rühren. Salz, Cayennepfeffer und Zitronensaft zufügen, dann nach und nach das Olivenöl unterrühren, sodass es von der Mischung aufgesogen werden kann. (Kann die Mayonnaise mehr als 3 EL aufsaugen, sollte man mehr dazugeben: Je stärker das Olivenaroma, desto besser die Rouille.)

❷ Die Mayonnaise mit Gewürzen abschmecken und den frischen Koriander unterrühren. Vor dem Servieren mindestens 1 Stunde kalt stellen.

Aioli mit schwarzen Oliven

Dieser köstliche Aufstrich oder Dip ist von erstaunlich purpurschwarzer Farbe und schmeckt intensiv nach Oliven. Man kann ihn auf knuspriges Ciabattabrot streichen und mit gegrilltem Gemüse, Salami und Rucola belegen oder eine Portion davon zu Hühnerbrust, Tomaten, gegrilltem Paprika oder Spargel reichen.

Für 4 Personen

- 3 Knoblauchzehen, gehackt
- 2 EL Paste aus schwarzen Oliven
- 2 EL extra natives Olivenöl
- 3–5 EL Mayonnaise oder nach Bedarf
- 1 EL frisches Basilikum, gehackt

Zubereitungszeit: 5–10 Min.

Den Knoblauch mit der Olivenpaste und dem Öl verrühren und löffelweise zur Mayonnaise geben, bis diese eine purpurne Farbe annimmt und stark nach Oliven schmeckt. (Bei zu viel Olivenpaste gerinnt die Mayonnaise!) Das Basilikum unterrühren und die Sauce vor dem Servieren kalt stellen.

Mojo-Sauce

Kubanische Knoblauch-Zitrus-Sauce

Mojo-Sauce ist ein kubanisches Nationalgericht und hat, wie viele kubanische Gerichte, in Südflorida ein neues Zuhause gefunden. Dort benutzt man Bitterorangen für alle Arten von Rezepten, die Zitrussaft erfordern.

Bei dieser Variante gelangt der Sonnenschein durch den Saft von Mandarinen und Limetten in die Sauce. Die ausgewogene Mischung aus Zitrussäften, Kreuzkümmel und dem köstlichen, mit Knoblauch aromatisierten Olivenöl schmeckt zu vielen Speisen, besonders aber zu Grillgerichten wie etwa Lammkoteletts mit Süßkartoffeln.

Für 4 Personen
- 3–4 EL extra natives Olivenöl
- 8 Knoblauchzehen, in dünnen Scheiben
- 250 ml Mandarinen- oder Tamarindensaft
- 50 ml Limettensaft
- ½ TL Kreuzkümmel, gemahlen
- Salz und frisch gemahlener schwarzer Pfeffer (nach Belieben)

Zubereitungszeit: ca. 5–10 Min.

Kochzeit: ca. 5 Min.

❶ Das Olivenöl mit dem Knoblauch langsam erhitzen, bis der Knoblauch eine goldene Farbe annimmt, dann die übrigen Zutaten dazugeben, erhitzen und den Topf vom Herd nehmen.

❷ Die Sauce gründlich umrühren und auf Raumtemperatur abkühlen lassen, dann mit Gewürzen abschmecken. Mojo-Sauce kann bis zu 3 Tage im Kühlschrank aufbewahrt werden.

Olivenöl mit Estragonaroma

Schon ein paar Tropfen dieses Öls machen aus einem einfachen Gericht eine raffinierte Kreation. Es ist sehr wichtig, die Zubereitungsanweisungen genau einzuhalten, um die Gefahr einer Nahrungsmittelvergiftung auszuschließen (s. S. 13).

Ergibt etwa 125 ml
- mehrere Hand voll (oder ein kleines Bund) frischer Estragon (oder 3–4 EL TK-Ware)
- 125 ml extra natives Olivenöl

Zubereitungszeit: ca. 10 Min.

Zeit zum Aromatisieren: maximal 2 Std.

❶ Frischen Estragon blanchieren oder gefrorenen halb auftauen lassen. Frischen Estragon vor dem Blanchieren in Eiswasser tauchen, dann das überschüssige Wasser herauspressen. (Eiswasser konserviert die leuchtende Farbe des Krauts.) Den Estragon grob hacken.

❷ Den Estragon mit dem Olivenöl im Mixer oder mit dem Pürierstab pürieren, bis eine glatte, leuchtend grüne und trägflüssige Mischung entstanden ist. Das Kräuteröl in einen Behälter füllen, diesen verschließen und maximal 2 Stunden im Kühlschrank durchziehen lassen. Das Öl durch ein Sieb oder Baumwolltuch gießen. Es sollte stets im Kühlschrank aufbewahrt und innerhalb von 12 Stunden verbraucht werden.

Salsa Peruana Aji

Scharfe peruanische Sauce mit Chili und Olivenöl

Ajis sind die gelben peruanischen Peperoncini, die meist eher mild als scharf schmecken, obwohl es darunter auch scharfe Sorten gibt. Die Sauce hat ein köstliches Aroma und passt besonders gut zu Grillhähnchen, Suppe aus schwarzen Bohnen, kurz gegrilltem Steak sowie Reis- und Nudelgerichten. Junge dicke Bohnen, die man blanchiert, mit dieser Sauce beträufelt und mit geriebenem Parmesan oder Romano bestreut, sind eine wahre Köstlichkeit.

Bei der Auswahl von Paprika- und Chilischoten für dieses Rezept sollten Sie darauf achten, dass scharfe und eher süßliche Früchte sich die Waage halten. Um das sicherzustellen, gibt es nur eine Möglichkeit: Probieren Sie vorsichtig!

Ergibt etwa 175 ml

- 125 ml extra natives Olivenöl
- 1 rote Paprikaschote, gewürfelt
- 2–3 frische rote Chilischoten oder Peperoncini (vorzugsweise groß und eher mild; wenn sie sehr mild sind, kann auf den Paprika verzichtet werden), in dünne Ringe geschnitten
- 5 Knoblauchzehen, gehackt
- 3 EL Zitronensaft
- ½ TL Salz (nach Belieben mehr)
- 1 Prise Oregano (nach Belieben)

Zubereitungszeit: ca. 5–10 Min.

Kochzeit: ca. 15 Min.

Das Olivenöl mit Paprika, Chili und Knoblauch erhitzen und unter Rühren kurz aufkochen. Zitronensaft, Salz, Oregano und eventuell etwas Wasser dazugeben und das Ganze etwa 10 Minuten köcheln lassen. Die Sauce mit Gewürzen abschmecken und warm oder kalt servieren.

Andalusische Tomatenvinaigrette

Tomatenvinaigrette ist ein idealer Begleiter zu vielen Salaten und Gemüsegerichten. Sehr gut harmoniert sie mit Kichererbsen oder gerösteten Artischocken (s. S. 60).

Für 4 Personen

- 2–3 große Knoblauchzehen
- Salz (nach Belieben)
- 3 reife Tomaten (frisch oder aus der Dose)
- 1 EL Balsamessig
- 1 EL Sherryessig
- 1 Prise Oregano
- etwa 75 ml extra natives Olivenöl

Zubereitungszeit: ca. 10 Min.

Den Knoblauch mit dem Salz in einem Mörser zerdrücken, bis eine Paste entsteht. Die Tomaten in Würfel schneiden und dazugeben. Den Essig und den Oregano hinzufügen. Schließlich nach und nach das Olivenöl unterrühren und das Ganze zu einer Vinaigrette verarbeiten.

▲ Scharfe peruanische Chilisauce

Skortalia

Diese Knoblauchsauce nach griechischem Rezept ist genau genommen eine Olivensauce. Eigentlich ist sie eine Mayonnaise, allerdings werden hierbei keine Eier zum Legieren verwandt. Skortalia leitet sich vom griechischen Wort »skorta« für Knoblauch ab und wird zu allen möglichen Gemüsesorten gereicht; wenn man z. B. in Athen gebratene Zucchini bestellt, erhält man sie meist als Beilage. Sehr gut passt diese Sauce auch zu gebratenem oder gegrilltem Fisch, Roten Beten und hart gekochten Eiern.

FÜR 4 PERSONEN

- 2–3 große Knoblauchzehen
- eine großzügige Prise Salz
- Saft von ½ Zitrone, nach Belieben mehr
- 1 weich gekochte kleine Kartoffel, geschält und in Stücke zerteilt, und ein paar EL des Kochwassers
- 125 ml extra natives Olivenöl (oder so viel wie nötig)

Zubereitungszeit: 15–20 Min.

❶ Den Knoblauch mit dem Salz in einem Mörser zerdrücken, bis eine Paste entsteht, dann den Zitronensaft dazugeben und das Ganze zu einer glatten Creme verrühren.

❷ Mit einer Gabel oder einem Löffel zuerst die Kartoffelstücke und das Kochwasser, dann nach und nach das Olivenöl darunter rühren, und zwar anfangs esslöffelweise, später in größeren Mengen, bis eine dickflüssige, delikate Sauce entsteht.

Mit Olivenöl kann man nicht nur herzhafte Speisen, sondern auch Desserts zubereiten. Im Nahen Osten gibt es zum Beispiel zahlreiche Hefeteiggebäcke, die in Öl frittiert und mit Sirup oder Honig serviert werden. Die Griechen haben ihre loukamades, *lockere kleine Teigringe, die mit Honig, Zimt und Sesamkörnern gewürzt werden. Olivenöl mit einer Beimischung von extra nativem Olivenöl erzielt beim Ausbacken solcher Süßspeisen hervorragende Ergebnisse. Doughnuts etwa, die man am besten mit einem starken schwarzen Kaffee genießt, gelingen darin ausgezeichnet.*

Man kann Olivenöl auch anstelle von anderen Ölen, Butter oder Margarine für Kuchen verwenden, wie die folgenden Beispiele verdeutlichen. Man erhält dann einen garantiert nicht zu trockenen Kuchen und der Olivengeschmack ist höchstens so stark wie in dem verwendeten Öl. Selbst von intensiven Ölen bleibt lediglich eine angenehme, nicht recht zuzuordnende Note zurück.

Pfirsich-Biskuitkuchen

mit Muskateller und Olivenöl

Dieser unkomplizierte, köstliche Biskuitkuchen schmeckt am besten einen Tag nach der Zubereitung, wenn er fest und durch und durch saftig geworden ist. Dazu reicht man eine Schüssel mit gezuckerten, frischen Pfirsichscheiben in ein wenig Wein und trinkt dazu ein Glas Muskatellerwein, schwarzen Kaffee oder einen Espresso.

Obwohl es empfehlenswert ist, zum Backen des Kuchens ein mildes Olivenöl zu benutzen, kann man notfalls auch jedes andere extra native Öl verwenden, ohne geschmackliche Einbußen befürchten zu müssen.

FÜR 6 PERSONEN

- 4 Eier, getrennt
- 1 Prise Salz
- 150 g brauner Rohrzucker
- 1 reifer Pfirsich, gewürfelt
- ½ Banane, gewürfelt
- 1 TL Rosenwasser
- ⅛ – ¼ TL Mandelaroma
- 150 g Mehl
- 125 ml Muskateller oder anderer Weißwein
- 125 ml mildes extra natives Olivenöl oder einfaches Olivenöl

Zubereitungszeit: ca. 30 Min.

Kochzeit: ca. 40 Min.

❶ Die Eiweiße mit dem Salz verquirlen und beiseite stellen. Die Eigelbe mischen und so lange mit dem Zucker verquirlen, bis eine cremige Masse entstanden ist. Dann Pfirsich, Banane, Rosenwasser und Mandelaroma dazugeben und das Ganze schaumig schlagen.

❷ Das Mehl durch ein Sieb zu der Mischung geben und gut unterrühren, Wein und Olivenöl einrühren.

❸ Die Eiweiße schlagen, bis ein fester Schaum entsteht, und zuerst ein Drittel, dann auch den Rest davon unter den Teig ziehen, um ihn aufzulockern.

❹ Eine Kuchenform leicht einfetten, mit etwas Mehl ausstreuen und den Boden mit einem mit Butter bepinselten Stück Backpapier auslegen. Den Teig hineinfüllen und im vorgeheizten Backofen bei 190 °C etwa 20 Minuten backen.

❺ Die Temperatur auf 160 °C reduzieren und den Kuchen noch etwa 20 Minuten backen, dann herausnehmen. Wenn er etwas abgekühlt ist, die Ränder mit einem Messer lösen und den Kuchen aus der Form stürzen.

»Gooey-Chewy«-Ingwerkuchen

Der Rand dieses Kuchens wird hart und knusprig, während der Mittelteil als Kontrast weich und üppig süß gerät. Stücke von frisch gehacktem Ingwer sorgen für Pfiff, während das Olivenöl sicherstellt, dass das Ganze herzhaft und nicht zu trocken wird.

Für 6 Personen

- 115 g brauner Rohrzucker
- 175 g Feinzucker
- 175 ml Maissirup
- 1–2 EL frische Ingwerwurzel, geschält und grob gehackt
- 1 Prise Salz
- 75 g Zuckerraffinade oder Melasse
- 50 ml kalter Kaffee
- 50 ml fettarme Milch
- 75 ml extra natives oder einfaches Olivenöl
- ¾–1 TL Ingwer, gemahlen
- ¼ TL Zimt
- 1 großzügige Prise Nelkenpulver (nach Belieben)
- 225 g Mehl
- 1 Ei, leicht verquirlt
- ¾–1 TL Vanillearoma und/oder ¼ TL Vanilleextrakt
- ein paar Tropfen Essig

Zubereitungszeit: ca. 30 Min.

Backzeit: ca. 1 Std.

❶ Die ersten 6 Zutaten in einem Topf vermischen und bei mittlerer Hitze erwärmen, bis Zucker und Sirup miteinander verschmelzen. Das Ganze etwas abkühlen lassen, dann Kaffee, Milch, Olivenöl, gemahlenen Ingwer, Zimt und Nelkenpulver einrühren. Mehl, Ei, Vanille und Essig nach und nach dazugeben und alles zu einem Teig verarbeiten.

❷ Die Masse in eine eingefettete und mit Mehl ausgestreute runde Kuchenform füllen und im Backofen bei 180 °C etwa 1 Stunde backen, bis sich die Ränder von der Form zu lösen beginnen und das Innere nicht mehr zu flüssig ist. Den Ofen abschalten und den Kuchen darin 15–20 Minuten abkühlen lassen, sodass das Innere etwas fest werden kann.

❸ Den Kuchen herausnehmen und vor dem Servieren ganz abkühlen lassen.

Register